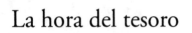

La hora del tesoro

La hora del tesoro

Cómo ganar tiempo de calidad cada día

Aje Arruti

Plataforma Editorial
Barcelona

Primera edición en esta colección: septiembre de 2010

© Aje Arruti, 2010
© del prólogo, Albert Figueras, 2010
© de la presente edición: Plataforma Editorial, 2010

Plataforma Editorial
c/ Muntaner 231, 4-1B – 08021 Barcelona
Tel.: (+34) 93 494 79 99 – Fax: (+34) 93 419 23 14
www.plataformaeditorial.com
info@plataformaeditorial.com

Depósito legal: B. 31.872-2010
ISBN: 978-84-96981-49-2
Printed in Spain – Impreso en España

Diseño de cubierta:
Utopikka
www.utopikka.com

Ilustración de portada:
Jesús Rodero

Fotocomposición:
Grafime. Mallorca 1 – 08014 Barcelona
www.grafime.com

El papel que se ha utilizado para imprimir este libro proviene
de explotaciones forestales controladas, donde se respetan
los valores ecológicos, sociales y el desarrollo sostenible del bosque.

Impresión:
Reinbook Imprès, S.L.
08830 Sant Boi de Llobregat (Barcelona)

A Nahia y Enara,
mi Norte,
por quienes toda hora tiene sentido

Índice

Prólogo
El efecto levadura

É bom passar uma tarde em Itapoã
Ao sol que arde em Itapoã
Ouvir o mar de Itapoã
Falar de amor em Itapoã
TOQUINHO, MORÃES*

Hubo una época (maravillosa) de mi vida en la que me pasaba horas montado en un avión sobrevolando el Atlántico y saltando de un país a otro. En esos años, la que ahora es mi esposa vivía en Brasil y nos organizábamos para vernos tan a menudo como era posible en los lugares más inesperados. Recuerdo especialmente una ocasión en que una escala técnica en São Paulo antes de viajar hacia Argentina nos regaló exactamente veintidós horas; la siguiente oportunidad no llegaría, quizás, hasta dos o tres meses más tarde. En aquella ocasión fui consciente, por primera vez, del valor casi infi-

---

* «Es bueno pasar una tarde en Itapoã / bajo el sol que arde en Itapoã / oír el mar en Itapoã / hablar de amor en Itapoã»

–11–

nito que puede tener un minuto, y este aprendizaje me hizo cambiar bastante la manera de ver las cosas.

Tenía sólo dos opciones. La primera, desperdiciar veinte horas pensando cómo estirar un día más mi estancia en Brasil, derrochar minutos preciosos tratando de hablar con la compañía aérea para encontrar lugar en un vuelo posterior –y, si no lo conseguía, lamentarme por haber perdido el tiempo como quien trata inútilmente de coger agua con las manos–, y malgastar el tiempo pensando lo bonito que sería disponer de 3, 4 o 5 días en lugar de sólo veintidós horas. La segunda opción se limitaba, simplemente, a aprovechar esas pocas horas como si no hubiese futuro (es decir, pensando cada segundo estrictamente en aquel segundo).

Y así lo hicimos, y ese día –ese larguísimo día– nos abrazamos, nos besamos, comimos en un extraordinario restaurante sirio de São Paulo, cogimos el coche, entramos en la linda autopista *Dos Imigrantes* que desciende por la neblinosa Serra do Mar hasta la ciudad de Santos, donde aprovechamos la tarde soleada para pasear por la playa y beber agua de coco en un chiringuito, visitamos el museo del café, descubrimos la entrañable *Livraria Realejo*, regresamos a la megápolis cuando el sol se ponía, caminamos por el barrio de Jardins, tomamos alguna *caipirinha* escuchando bossa nova en el bar del hotel Renaissance… ¡y, a esas alturas, todavía nos quedaban diez horas por delante!

A todo el mundo le han sucedido cosas así; situaciones en las que o bien has aprovechado el tiempo (has estado, has sido), o bien una vez que has perdido el tren te tiras de los pelos por haber actuado de esta manera. La cuestión de fondo es que esas situaciones no son excepcionales. ¿Cómo pasa sus domingos por la tarde? ¿Medio tumbado en el sofá, dormitando y pensando que falta poco para el *horrible* lunes, amargándose con esa idea mientras el pulgar va pasando canales de televisión sin llegar a ver ningún programa entero, ninguna película completa? ¿O aprovecha esas mismas horas dando al tiempo la dimensión que realmente tiene? La frontera es sutil y la elección depende de cada uno.

Años atrás, buscando una imagen para explicar esta diferencia en la relación que tenemos con el tiempo, me vino a la cabeza la levadura y cómo este fermento consigue dar esponjosidad al pan recién horneado. Así empecé a hablar del «efecto levadura» cada vez que alguien me decía que no tenía tiempo, que se organizaba mal y todas esas excusas que nos damos a nosotros mismos cuando nos sentimos mal, cuando no hemos descubierto nuestro norte verdadero, cuando no tenemos brújula ni mapa.

El día que me llegó el manuscrito de *La hora del tesoro*, que ahora tiene en sus manos en forma de libro, empecé a subrayar frases y más frases. Creo que quedaron pocos folios sin alguna raya de lápiz; a veces, incluso un asterisco o una exclamación. Y es que Aje Arruti ha sabido encontrar los ejemplos precisos, aquellos que te hacen exclamar: «¡Pero si ese soy yo!», «¡Y aquello es lo que dice mi pareja!», «Y lo otro es lo que dice mi compañera en el trabajo»… Lo bueno de *La hora del tesoro* es que no hace perder el tiempo al lector; su autora da pistas claras para que todo el mundo reflexione sobre el tiempo y su verdadero valor, no monetario, sino vital.

No quiero hacerle perder un minuto más. Este minuto, no regresará ni lo podrá recuperar. El objetivo es que a partir de ahora, viviendo el presente pero con un norte claro, sepa responder exactamente cómo aprovecharía una hora más de tiempo al día si se la dieran.

ALBERT FIGUERAS

autor de *Pequeñas grandes cosas* (2007)

y *Ubuntu* (2010)

Prefacio |

«El tiempo es la materia de la que está hecha la vida.»
BENJAMIN FRANKLIN

«El tiempo es la materia de la que he sido creado.»
JORGE LUIS BORGES

Hasta poco antes de llegar a la imprenta, este libro iba a tratar sobre la gestión del tiempo. Tenía la humilde intención de ofrecer pautas, pistas, ideas y hasta alguna práctica que, aplicadas diligentemente a la agenda y con el reloj bien vigilado, ayudarían a sus lectores a recoger, manejar y transformar minutos perdidos a lo largo del día para terminar componiendo algo que podríamos llamar «tiempo de calidad».

Pero los textos, a veces, tienen vida propia; en unas ocasiones discurre paralela a la de quien los escribe, y del intercambio de las ideas (las del texto) y las experiencias (las del escribiente) nacen contenidos y argumentos enriquecedores y hasta iluminadores; en otras, las dos vidas entran en colisión, quizá porque ambas apuntaban a una misma diana aunque procedieran de lugares diferentes; quizá porque las ideas iban por delante de las experiencias y tuvieron que frenar para no extraviarse, o al contrario; quizá porque, al final, se escribe para compartir ideas y experiencias, y una buena manera de saber si lo que se comparte tiene algún valor es vivir lo que se escribe.

El caso es que este libro cambió su propósito como consecuencia de un choque y, en aquella sacudida, el propio texto se manifestó a través de algunas de las citas que portaba: decía Benjamin Franklin que «el tiempo es la materia de la que está hecha la vida», y sentenciaba Jorge Luis Borges que «el tiempo es la materia de la que he sido creado». De tal modo que las ideas eligieron su camino, acaso menos práctico pero probablemente más abierto e incluyente, y prefirieron hablar más de la vida y menos de agendas, *plannings* y cronómetros.

Si ha llegado a este párrafo y se está cuestionando de qué le sirve un libro que le promete encontrar una hora para su tesoro si no le explica cómo encajarla en su estrujada agenda, le propongo algunas preguntas como respuesta: ¿de qué le sirve una hora de regalo si no sabe a qué dedicarla? ¿Para qué busca un tesoro si aún no sabe de qué tipo de joyas está compuesto? ¿Le harán más feliz los minutos extras si no los entrega, con pasión y sin remordimientos, a aquello que realmente es valioso para usted?

«No tengo tiempo» o «Me organizo muy mal» son dos frases recurrentes en casi cualquier conversación en la que no entre en juego el prestigio profesional. De hecho, hay quien las ha incorporado como muletillas que le sirven tanto para justificar el retraso en una cita o un plazo como para explicar por qué no pone manos a la obra en el cumplimiento de sueños, aspiraciones y hasta vocaciones.

Sin embargo, si hiciéramos el ejercicio de observar los contextos en los que la escasez de tiempo o su inadecuada asignación acaban siendo disculpas o coartadas, si tuviéramos la oportunidad de indagar más allá de lo que alguien dice y preguntarle por las verdaderas razones por las que no es capaz de reunir minutos en horas de cierta calidad para dedicarlas a eso que le parece importante..., ¿nos hablaría de un problema de agenda o de vida?

No es tiempo lo que nos falta. En un día disponemos del mismo que hace diez, cien o doscientos años: 1.440 minutos. Lo que hace que hoy nos quejemos de escasez es el modo en que elegimos distribuirlos entre los diferentes compromisos y áreas de nuestra vida. Y esa asignación no es obligada –por más que en ocasiones nos resulte oportuno justificar nuestras elecciones por presiones externas– ni fortuita. Cualquier acción, actividad o tarea en la que nos embarcamos es una decisión propia: hemos optado por ella frente a otras alternativas porque, incluso cuando parece ir en contra de nuestros intereses y por razones que no siempre son explícitas, nos parece la mejor entre todas.

Así, es posible que alarguemos la jornada laboral, a pesar de lo poco que nos apetece o de que nos pueda crear un conflicto con la familia o los amigos, porque consideramos que esa hora extra nos evita males mayores (por ejemplo, una mala imagen ante quien nos emplea o, en otro extremo, esquivar la visita intempestiva de un familiar) o nos aporta un beneficio interesante (como la posibilidad de un ascenso o la serenidad de un período tranquilo que nos permita avanzar en proyectos que realmente nos importan).

Los casos anteriores no son categóricos, pero tampoco han sido elegidos al azar. Muchas veces tenemos la sensación de que las obligaciones en el ámbito del trabajo (o también algunos compromisos familiares o sociales) son insoslayables, que no tenemos más opción que hacer lo que se supone que debemos hacer. Y entonces es cuando nos empieza a parecer que tenemos un problema de agenda.

Es algo así como culpar al conductor del autobús porque se detiene en todas las paradas o, incluso peor, reprocharle que nos lleve por un camino por el que no queremos ir, pero que es precisamente el que recorre la línea para la que hemos comprado el billete, tanto si lo hemos hecho deliberadamente como si no.

Siguiendo con la analogía, este libro ha elegido acompañar al lector en el proceso de preguntarse hacia dónde quiere ir para, con el destino en mente y toda la intención, comprar el billete de la línea que lo acerque a su objetivo. Sólo entonces podrá saber si las paradas que haga el autobús son las exigidas por la ruta e, idealmente, podrá despreocuparse de la carretera y disfrutar más del paisaje.

La colisión de la que nació el libro que tiene ahora en sus manos tuvo un efecto similar: los acontecimientos de la vida mostraron que quien lo firma había tomado un autobús confortable y seguro, pero cuyo destino lo alejaba de lo que deseaba, se apeó en la siguiente parada, tomó la brújula, dibujó su mapa y esperó el autobús que lo pudiera acercar al lugar donde disfrutar de las cosas y, sobre todo, que lo acercara a las personas realmente importantes.

Por tanto, este texto finalmente ha apostado por compartir con el lector una manera de lograr que esos 1.440 minutos de los que dispone al comenzar cada día estén más llenos de momentos de disfrute o, cuando menos, un modo de evitar el exceso de preocupación que supone no saber cuál será la siguiente parada o pensar que está transitando por un camino que lo aleja de lo que realmente importa. Así, tal vez consiga reunir minutos, juntar una hora y convertirla en un tiempo de calidad, lleno de sentido para su vida: su hora del tesoro.

Nada nuevo bajo el sol

> «Sólo quien encuentra vida puede encontrar tesoros.»
>
> PAULO COELHO

Muchos son los autores con los que este texto está en deuda, no sólo los que se citan explícitamente o los que han servido de inspiración en el proceso de escritura.

El interés por mejorar la organización personal y por sacar provecho al tiempo ha llevado a una notable producción de obras prácticas en las últimas décadas. Los diferentes métodos que en ellas se muestran tienen gran valor en situaciones vitales y laborales determinadas, y han ayudado a muchas personas a sentirse más satisfechas con su manera de gestionar los compromisos y los proyectos. De una u otra manera, y más en los conceptos de fondo que en las puestas en práctica, se recogen aquí ideas de la mayor parte de las propuestas de organización del tiempo.

A la vez, también desde otras disciplinas (tan variadas como las ingenierías o la filosofía, la psicología o la literatura) se ha abordado la cada vez más extendida ansiedad por hacer más cosas en menos tiempo y, en su reverso, la necesidad de hacer menos cosas pero con más sentido.

Es posible que al lector se le antojen conocidos los trazos gruesos del lienzo de este texto. Al fin y al cabo habla de la vida, y sobre la vida lleva la humanidad pensando y escribiendo desde que se recuerda.

Lo que aporta de nuevo es un modo mínimamente sistematizado y suficientemente abierto de afrontar la reflexión sobre la propia vida. En ningún caso se pretende dar consejos ni un elenco de técnicas de uso universal, a las que, sin duda, hay que reconocer su utilidad para manejar la agenda. Pero, como ya se ha visto, de poco sirve una agenda si uno no sabe hacia dónde le llevan las tareas y los compromisos que en ella se recogen. Empecemos, pues, por repensar la vida, desde las aspiraciones de largo recorrido hasta los instantes que nos proporcionan el mayor bienestar... Porque si no pensamos nuestra vida, nos podemos encontrar, un día, viviendo la vida menos pensada.

Agradecimientos

> «Quien encuentra a un amigo encuentra un tesoro.»
>
> REFRÁN POPULAR ESPAÑOL

Hay tesoros que se empiezan a disfrutar antes de ser hallados. Este libro es un buen ejemplo.

En el camino que llevó desde la idea hasta esta página, he contado con apoyos que merecen toda mi gratitud: compañeros, colaboradores, clientes, jefes, socios, profesores y alumnos.

Me han acompañado mis amigos, los que están conmigo desde hace más de treinta años (cuando compré mi primera agenda con Karmele) y los que la vida me ha ido regalando en todo este tiempo. Algunos están en las líneas de este libro con sus ideas, sus aportaciones, sus sugerencias o sus ejemplos –gracias, Fátima y María, por la lectura; Anka, por la fotografía; Jesu, por la portada–; todos están en los minutos que alegran mis días.

Me ha animado, con constante e incondicional ayuda, mi editor, Jordi Nadal.

Me ha inspirado mi duende que, con su arte y su ingenio, llena de sonrisas las horas e ilumina los pasos del camino.

Y tengo a mi familia. El itinerario que me ha llevado hasta aquí comenzó hace muchos años en los pinares de un pueblo de la Ribera Navarra llamado Milagro. Mi abuelo Félix aprovechaba nuestros paseos para hablarme de las estaciones, las siembras y las cosechas, de los ritmos de la vida. Mi abuela Lucía me mostró la importancia de mirar siempre al Norte; en mi padre observé el amor al detalle, y en mi madre, la atención constante. Mi hermana y mi cuñado me enseñan cada día que, con un buen mapa en la mano, se llega a donde se desee.

Gracias a todos ellos, porque son las joyas de mi tesoro y la luz que me indica dónde está el Norte.

1.
La promesa, el tesoro y la búsqueda

María, 40 años, empresaria

«Me paso el día resolviendo asuntos, llamando siempre con urgencia, terminando tareas que dejé a medias porque surgió algo que parecía más importante. Pongo en práctica trucos de gestión del tiempo que he leído en algún libro o que he visto utilizar a otras personas, y es verdad que gracias a ellos consigo abordar más temas pendientes, pero sólo logro eso: hacer más. A veces, cuando llego al punto de saturación, después de un tiempo de responder a mil compromisos sin parar siquiera a reflexionar, se enciende una luz roja en mi cabeza —o puede que sea en mi corazón— que me obliga a preguntarme: ¿era esto lo que realmente quería?»

Rafael, 36 años, comercial

«En el último año de mi carrera universitaria, tenía una idea clara de qué quería hacer con mi vida. Clarísima. Tal vez era un poco ingenuo, porque pensaba que todo iba a ir sobre ruedas y que las cosas saldrían como yo esperaba, pero era mi idea y era mi vida. Luego empecé a trabajar y lo cierto es que no puedo decir que me fuera mal. Al contrario, me ha ido muy bien; pero hubo algún momento en el que tomé un camino que no había previsto en aquella idea de vida que me había creado. No fue un cambio brusco, sino sutil. Tanto que ni siquiera me di cuenta. Ahora, años después, pienso mucho en aquello que soñé un día y diría que hasta lo echo de menos. No me va mal, pero estoy seguro de que sería mucho más feliz si hubiera perseguido aquel sueño sin desviarme.»

Empieza a ser un tópico hablar del ritmo frenético de nuestras vidas, de los horarios laborales extendidos hasta los límites del caos, del exceso de tareas en el día a día de cualquiera de nosotros. Hasta hace un par de décadas, este estilo de vida era casi exclusivo de *yuppies* y altos ejecutivos, personas con importantes responsabilidades profesionales que, desde la perspectiva del resto de los mortales, incluso disfrutaban de no disponer de tiempo para disfrutar.

Es cierto que, como explica Ignacio Buqueras en su lúcida obra *Tiempo al tiempo*, entre la masa de las personas «normales» también había pluriempleados que corrían sin resuello de un trabajo al otro, en turnos de mañana y tarde, con el fin de alcanzar el nivel de ingresos suficiente para pagar a plazos el utilitario y las vacaciones en el apartamento de la playa. Incluso, los que percibían un sueldo digno de un único empleo, se veían en la necesidad de hacer horas «extras» –por supuesto, pagadas– para poder enviar a los niños a un colegio privado.

Pero las circunstancias han cambiado. Ahora todos hacemos jornadas de pluriempleado para un solo puesto de trabajo, no distinguimos entre horas ordinarias y extraordinarias, añadimos a todo ello el «cargo» (idealmente compartido) de responsable de la familia y, como casi todos los hogares necesitan dos coches, llenamos las carreteras a las horas punta para atascarnos en embotellamientos formidables que, sumados al horario laboral, convierten el concepto de tiempo libre en un mero recuerdo. Aunque, bien pensado, todo lo dicho se podría también ordenar al revés.

«La velocidad está en todo. La prisa es continua. Vivimos en aceleración progresiva», resume Albert Figueras en *Optimizar la vida*, y después concluye: «En lugar de aprender a administrar el tiempo ganado, todavía queremos más rapidez».

Como María, muchos pensamos que ésta no era la vida que nos habíamos prometido.

En el Antiguo Testamento se relata la historia de Josué, a quien Dios encomendó la tarea de pasar el río Jordán con su pueblo para llegar hasta la Tierra Prometida. «Esfuérzate y sé valiente», le advirtió. Josué siguió el consejo y superó todo obstáculo, en la confianza absoluta de que al otro lado del río se hallaba la tierra en la que descansarían las doce tribus de Israel. Pero ¿y si después de pasar el Jordán con su pueblo Josué se hubiera topado con una cárcel en vez de encontrar la tierra prometida?

Cada vez más personas afrontan esa sensación. Se han esforzado y han sido valientes, creyendo que tras su denuedo les sería otorgada la vida prometida. Sin embargo, la tierra a la que llegan se parece demasiado a una cárcel o, en el mejor de los casos, a las ruletas en las que pasan sus días los conejillos de Indias, en un incesante movimiento que no conduce a ninguna parte.

No, no era ésta la vida prometida.

El tesoro

Si por un extraño acto de caridad de los amos del universo le fuera concedida una hora más cada día, ¿a qué la dedicaría?

Esa hora no consta en los relojes de entrada y salida de su empresa, y nadie percibe que transcurre excepto usted y las personas con las que desee compartirla. Por lo tanto, es algo así como una hora de «caja B»; puede hacer con ella lo que quiera sin dar explicaciones. ¿Qué haría con una hora más cada día de su vida?

Una advertencia antes de que sienta el impulso de contestar: no es una pregunta trampa y no existe una única respuesta correcta. Se trata, simplemente, de que piense en eso que realmente le hace feliz, pero que suele quedar enterrado debajo de las obligaciones diarias. Es tan válido decir que jugaría con sus hijos como que prepararía una oposición, que cuidaría de ancianos solitarios como que montaría un negocio desde casa. Lo que importa, en este caso, es acceder al rincón de su alma en el que guarda los propósitos incumplidos. No piense, por ahora, en las razones que le han impedido dedicarse a ello; las conoce bien y, probablemente, trata con ellas a diario. Esta vez deje todo el protagonismo a los sueños, pequeños o grandes.

Si por un extraño acto de caridad de los amos del universo le fuera concedida una hora más cada día, ¿a qué la dedicaría?

¿Se imagina cómo cambiaría su vida con una hora al día dedicada a relajarse, terminar la carrera, preparar una maratón, bañar todas las noches a sus hijos, obtener el título de patrón de embarcaciones de recreo, visitar a sus familiares o, incluso, terminar todos los asuntos pendientes antes de dejar la oficina?

Sigamos con el juego y ahora piense que en esa hora se encierra su tesoro personal, íntimo, único e intransferible. El ejercicio empezará a dar resultados más interesantes. De hecho, el diccionario de la Real Academia Española define tesoro como la «persona o cosa, o conjunto o suma de cosas, de mucho precio o muy dignas de estimación», y también como la «cantidad de dinero, valores u objetos preciosos, reunida y guardada».

Por lo tanto, las piezas del tesoro han de ser varias, porque si en su vida sólo hubiera una persona o una cosa que estime mucho, estaríamos hablando de una joya. Lo que hace que sea un tesoro es, precisamente, que se trata de una acumulación «reunida y guardada» en ese rincón de su alma donde también residen los sueños, donde un día pensó que estaría la vida que se prometía a sí mismo.

¿Se imagina cómo cambiaría su vida con una hora al día dedicada a relajarse, terminar la carrera, preparar una maratón […] o, incluso, terminar todos los asuntos pendientes antes de dejar la oficina?

Probablemente le resulta fácil pensar en las personas que aprecia, y no sólo porque las llame cariñosamente «tesoro». Son las que nos enriquecen, esas con las que sabemos que podemos contar en cualquier circunstancia, por las que tal vez daríamos, precisamente, la vida. Además, el tesoro también incluye tiempo para algunas cosas, unas materiales y otras intangibles, unas manifiestamente terrenales y otras espirituales. Como es obvio, no todas las joyas de este tesoro valen por igual: no es comparable la consideración que se siente por la familia o los amigos más queridos, o incluso el goce de la serenidad y la tranquilidad que la estima por nuestra colección de discos de los ochenta, el coche recién comprado, nuestras sesiones de yoga o el placer de la gastronomía. Incluso, se podría crear una categoría intermedia, entre lo humano y lo divino, en la que entraría la fauna de proximidad, ¿o no cree que, para muchos, su mascota forma parte de lo más preciado del tesoro?

Disponer de un tesoro es un magnífico don. Nos proporciona tranquilidad en situaciones complicadas, porque sabemos que en él residen las reservas que nos permitirán superarlas. Además, gracias a él y aunque no lo llevemos en la cartera, nos sentimos enriquecidos.

**El tesoro de su vida está integrado
por el tiempo dedicado a personas y cosas
de gran valor para usted.**

La vida que habíamos soñado, la que un día nos prometimos, asomará –como la tierra fértil que pisó Josué– al abrir el cofre que guarda el tesoro, al disponer de tiempo para disfrutar plenamente de las personas y cosas que nos enriquecen y que dan sentido a todo lo que hacemos.

Sin embargo, basta con echar un vistazo alrededor para llegar a la conclusión de que hemos olvidado dónde está guardado el tesoro. Ojear las listas de los libros de no ficción más vendidos proporciona interesantes pistas: buscamos información rápida para resolver problemas de comunicación, superar los malos ratos, aprender a lidiar con situaciones conflictivas, vencer el estrés e, incluso, manejar mejor nuestro tiempo.

¿Dónde pusimos nuestro cofre del tesoro?

La búsqueda

Lo único que es necesario para disfrutar de las personas y cosas que son del mayor valor para nosotros es… tiempo.

Probablemente, alguien haya caído en la tentación de replicar mentalmente que, además, algunas cosas exigen dinero y, sin caer en la broma fácil, ciertas personas también.

Es igualmente probable que otros hayan hecho una contrarréplica mental, apuntando con ingenio que, como advirtió Benjamin Franklin a un joven comerciante: «El tiempo es dinero». Como sugiere Jean-Louis Servan-Schreiber en *El nuevo arte de vivir el tiempo*: «Nos guste o no, el tiempo tiene un precio», aunque éste no sea necesariamente monetario.

¿Se siente más feliz por disponer del dinero suficiente para pagar a alguien que recoge a sus hijos del colegio y los atiende hasta la noche? Es posible que se sienta más aliviado, pero no necesariamente más feliz. Ese dinero sustituye a un tiempo del que no dispone, por lo que resulta ser, más que un bien, un mal menor.

Desde el punto de vista lógico, ambos argumentos son válidos. Pero, en ocasiones, la lógica se mueve en un escenario frío del que huye la vida. ¿Se siente más feliz por disponer del dinero suficiente para pagar a alguien que recoge a sus hijos del colegio y los atiende hasta la noche? Es posible que se sienta más aliviado, pero no necesariamente más feliz. Ese dinero sustituye a un tiempo del que no dispone, por lo que resulta ser, más que un bien, un mal menor.

Sin embargo, sin que sirva de incitación al derroche o a la dejación de responsabilidades, debería importarnos mucho más el tiempo que el dinero. Al fin y al cabo, el dinero que no gaste hoy le quedará en reserva para mañana. Sin embargo, cada uno de los 86.400 segundos de este día, desaparecerán para siempre en el instante en que los viva.

Por otra parte, vivimos en el tiempo, sin él no somos nada. Si hay una frase que resuma con acierto la importancia de tener el tiempo en consideración es la que, de nuevo, Benjamin Franklin escribió en el *Almanaque del pobre Ricardo* a mediados del siglo xviii: «¿Amas la vida? Pues entonces no malgastes el tiempo, porque el tiempo es la materia de la que está hecha la vida».

La humanidad lleva millones de años preguntándose si hay vida –y, por lo tanto, tiempo disponible– después de la muerte. Aunque parezca una perogrullada, lo único evidente e indiscutible es que hay vida –y, por lo tanto, tiempo– entre el nacimiento y la muerte, y paradójicamente, no siempre le prestamos la atención necesaria.

Es tan extravagante como si nos preguntáramos si será posible ponernos a buscar el cofre del tesoro después de la muerte. ¿Por qué retrasar su búsqueda?

Si de verdad quiere disfrutar de los tesoros de su vida ha de ponerse a recuperarlos ahora. De nuevo, una vocecita en su cabeza está gritando una objeción: «¿Me está proponiendo que deje de trabajar para pasar más tiempo con mi familia, dar paseos por el campo, dedicarme a la filatelia, estudiar una (u otra) carrera universitaria…?». Traducido a la idea del tesoro de su vida, sería algo así: «¿Debo dejar todo y embarcarme en la aventura de la búsqueda del cofre perdido?».

Que no cunda el pánico. Hacer eso sería tan ilógico como tratar de detener las manecillas del reloj cósmico, y ya hemos dicho que la concesión de una hora extra cada día era un juego, un mero ejercicio de reflexión.

La recuperación del tesoro de su vida es un proceso que, aunque parezca una broma, también lleva su tiempo. Siempre que deseamos obtener un resultado que resulta imposible de lograr inmediatamente, lo proyectamos con la imaginación, visualizamos los pasos que hemos de dar para su consecución, es decir, lo convertimos en un proyecto. Esto sucede con cualquier tipo de logro que nos proponemos: ya sea organizar una fiesta, escribir una tesis doctoral, hacer un viaje de placer o educar a nuestros hijos.

**La humanidad lleva millones de años
preguntándose si hay vida –y, por lo tanto,
tiempo disponible– después de la muerte.
Aunque parezca una perogrullada,
lo único evidente e indiscutible es que hay vida
–y, por lo tanto, tiempo– entre el nacimiento
y la muerte, y paradójicamente,
no siempre le prestamos la atención necesaria.**

Pues bien, el descubrimiento del cofre también es un proyecto, y probablemente se encuentra entre los que más interesantes resultados van a aportar a su vida.

Lo último será lo primero

Todo proyecto comienza por el final, por el resultado que deseamos obtener, es decir, por su objetivo. Cuando hemos creado una imagen mental de ese resultado, somos capaces de imaginar los pasos que llevan hacia él. Si volvemos a la idea de la búsqueda del tesoro, la imagen mental del resultado que deseamos representará el lugar exacto en el que, en algún momento, se quedó el cofre con nuestras joyas.

A estas alturas, puede verse tentado de responder que, si fuera capaz de representarse una imagen de dónde dejó el tesoro, ni siquiera habría llegado a leer esta página, porque su problema es que no tiene la menor idea del lugar en el que está.

Sin embargo, sí dispone de pistas que le pueden ayudar a ubicarlo. De hecho, en nuestro juego de la búsqueda del tesoro hemos decidido que éste está integrado por el tiempo destinado a disfrutar de las personas y las cosas que dan significado a nuestra vida, y esas joyas brillan a distancia, constantemente y sólo para nuestros ojos. Preste, pues, un poco de atención a ese resplandor particular, y conviértalo en el objetivo que se propone alcanzar.

Si está pensando que ha perdido la habilidad de reconocer esa luz, tal vez analizar sus incomodidades respecto al tiempo le ayude a recobrarla.

¿Dónde le duele la agenda? Es posible que le apriete en el tiempo que dedica al trabajo, o que le pinche en las horas que pasa con su familia, o el estrechísimo hueco que ha destinado a reciclar su formación, o puede que no le quepa ni un mínimo rato para reflexionar sobre el curso de su propia vida.

¿Dónde le duele la agenda? Es posible que le apriete en el tiempo que dedica al trabajo, o que le pinche en las horas que pasa con su familia, o el estrechísimo hueco que ha destinado a formarse, o puede que no le quepa ni un mínimo rato para reflexionar sobre el curso de su propia vida.

Tanto si disponemos del tiempo necesario como si no, las personas y cosas realmente importantes de nuestra vida emiten una luz chispeante en reclamo de atención, y todos la podemos percibir.

¿Recuerda a qué dijo que destinaría la hora extra diaria que tan generosamente le regalaron los amos del universo? Ése es el tiempo de las personas y cosas importantes de su vida que resplandece desde el cofre del tesoro. Ése es su objetivo y destino, el final de la expedición en busca de la vida prometida.

El camino que lleva desde donde está ahora hasta el lugar en el que brilla su tesoro está intransitado, nadie antes de usted lo ha recorrido y nadie lo hará después, en la medida en que en ese cofre sólo se guarda el tiempo de las personas y cosas que son relevantes para uno mismo. La búsqueda es absolutamente personal y exige el uso de herramientas únicas para el recorrido. Necesitará una brújula que le indique en todo momento dónde está la luz de su tesoro, su Norte; tendrá que dibujar un mapa que una los dos puntos (ése en el que se encuentra ahora y el de destino), en el que se reflejen los pasos obligatorios, las paradas y los descansos; y le vendrá bien llevar una lupa que le permita mirar con atención algunos detalles del camino y confirmar que va por la senda marcada.

Claves para la búsqueda del tesoro

• La vida que realmente le gustaría vivir es un tesoro que le está esperando. Un día la imaginó, incluso es posible que la sueñe con frecuencia, pero tal vez no sabe cómo iniciar el camino que le lleva hacia ella.

• Su tesoro está integrado por las personas y las cosas que realmente le importan y a las que le gustaría dedicar el tiempo que merecen. Ese tiempo es su hora del tesoro.

• Con frecuencia, perdemos de vista el cofre y dejamos pasar, en la escala de nuestras prioridades, otras cosas y personas que, tal vez, no son las que más nos importan. Sin embargo, ese tesoro, aun cuando parece perdido, está esperando nuestra llegada. Para alcanzarlo, será necesario organizar una expedición en su busca.

• La búsqueda del tesoro comienza por reconocer su valor y apreciar su intenso brillo, que será la única pista de la que inicialmente disponga para comenzar a caminar hacia él.

2.
La brújula

José Manuel, 44 años, periodista

«Disfruto con mi trabajo y le dedico el tiempo que haga falta. Además, tengo allí varios amigos con los que me lo paso muy bien. A veces salimos a tomar una cerveza al final de la jornada y algunos viernes por la tarde nos vamos juntos a jugar un partido de fútbol. Sé que es tiempo que quito a mi familia, pero si no me entregara a mi profesión y si no saliera con mis amigos, tendría la sensación de estar renunciando a demasiado. En casa no resulta fácil. Llego tarde, cansado y siempre hay cosas que resolver urgentemente (que si nos hemos pasado con una tarjeta de crédito, que si hay que organizarse para ir a las tutorías de los niños, que si uno de los coches necesita una reparación...), de modo que no nos queda mucho tiempo a mi pareja y a mí para charlar tranquilamente o salir a cenar juntos, y a los niños, muchos días, sólo los veo para darles el beso de buenas noches.»

Ana, 34, asesora legal

«Vivo con la sensación de que no tengo la cabeza puesta en lo que hago. Cuando estoy en el trabajo, pienso en las compras que debo hacer de vuelta a casa, en si la niñera estará atendiendo bien al pequeño, en la dislexia del mayor, en la cuenta del banco, en la caldera que empieza a fallar... Cuando estoy en casa, me siento mal porque creo que no rindo bien en el trabajo, porque mañana tengo una visita importante que no he preparado, porque no paso el tiempo suficiente con los niños, porque aún no sé qué haremos en las vacaciones y queda poco tiempo... Al final, vivo angustiada, estoy desconcentrada y de mal humor.»

Jorge, 38 años, economista
«Después de diez años de trabajo en la empresa, me ofrecieron un ascenso interesantísimo: un cargo con más prestigio y, con la subida de sueldo y los beneficios extrasalariales, un nivel de vida con el que llevaba tiempo soñando. Sin embargo, algo me decía que esa promoción no era para mí. Analicé los puntos a favor y en contra. Por un lado, era tentador contar con el reconocimiento de mis jefes, por no hablar de los caprichos que me podría costear, y pensé que mis padres se sentirían muy orgullosos por mi carrera. Por otro lado, sabía que las responsabilidades del nuevo puesto me iban a exigir mucho tiempo, mucha atención, viajes frecuentes —que no me apetecían en absoluto justo cuando había comenzado una relación de pareja— y, tarde o temprano, algunas renuncias, como la que suponía dejar de hacer el trabajo que realmente me gustaba. ¿Estaba dispuesto? Dije que no y expliqué mis razones. Nunca sabré cómo habría sido mi vida si hubiera aceptado el ascenso, pero sé que hoy

soy feliz, que hago lo que me gusta, que estoy con quien deseo estar... y mis padres se muestran encantados de que su hijo esté orgulloso de sus propias decisiones.»

Para J. L., pasar más tiempo con sus hijos era fundamental. No sólo porque considera que es su responsabilidad, sino porque, además, disfruta de unos ratos maravillosos con los chicos. El problema para él surgía cuando tenía que distribuir el escaso tiempo libre que le dejaba el trabajo entre la familia y su afición por el deporte. Necesitaba hacer ejercicio y le apasionaba participar en carreras populares y clubes de aficionados. Cuando los niños crecieron, se vio obligado a tomar una decisión, pero no se conformó con el dilema salomónico de unos u otro. Reflexionó, buscó alternativas y finalmente propuso a la dirección del colegio de los chicos formar un equipo de atletismo, en el que se podía formar a los chavales e integrarlos como categoría infantil en su propio club. No resultó sencillo, pero mereció la pena. Ahora es coordinador del equipo, entrena junto a sus hijos y salen juntos los fines de semana para participar en carreras populares. Está satisfecho, porque mantiene su práctica deportiva, comparte tiempo con sus hijos y, a la vez, los educa en los valores en los que cree.

Al inicio de la década de los noventa del siglo xx, tras los agitados años del «yupismo» y la fiebre por trabajar más, ganar más y tener más éxito social, en Estados Unidos arrancó tímidamente un movimiento –desafortunadamente, no llegó a convertirse en tendencia– que promovía el camino contrario: trabajar menos, ganar menos y... buscar una vida con más sentido. Se lo llamó *downshifting* y ha generado escuelas como la que defiende la búsqueda de la simplicidad en la vida cotidiana.

Elaine St. James lo describe así en *Simplifica tu vida*: «Como tantas otras personas de nuestra generación, mi marido y yo nos habíamos tomado al pie de la letra los lemas de los ochenta que rezaban: "Mejor cuanto más grande" y "Más es mejor". Teníamos una casa grande, un coche grande y los "juguetes" del típico estilo de vida de los *yuppies*. Entonces empezamos a darnos cuenta de que, en lugar de aportar algo a nuestras vidas, muchas de esas cosas la complicaban más allá de lo admisible. Siempre habíamos sabido que no valía la pena competir con el vecino, pero finalmente tuvimos que enfrentarnos al hecho de que lo único que habíamos conseguido, en nuestro atracón de poder, era una indigestión».

Como cuentan Joe Domínguez y Vicky Robin en *La bolsa o la vida*, la manera de vivir de los ochenta, centrada en la adoración del dinero y la admiración por el triunfador, estaba llevando a muchas personas a seguir modelos vitales que, por más ingresos que produjeran, les creaban un gran vacío interior –según citan, hasta un 48 % de los ejecutivos estadounidenses opinaba que su vida carecía de sentido– en la medida en que no lograban dedicar tiempo a lo que realmente les importaba. Fue esa sensación de carencia de sentido la que les indicó que el cofre de su tesoro no se encontraba en aquella dirección, pero no les proporcionó pistas que les condujeran hacia el buen destino. Tuvieron que salir de la vía rápida para poder detenerse a pensar, mirar el horizonte con serenidad en busca de la luz de su tesoro (único e intransferible) y aceptar que hacia allí debían encaminar sus pasos, porque sólo allí iban a encontrar la satisfacción y la felicidad que anhelaban. Muchos lo consiguieron e, incluso, llegaron a ser verdaderamente ricos (en todos los sentidos), contando su interesante experiencia en libros y conferencias por todo el mundo.

Al igual que Elaine St. James y su marido, cada una de las personas que se embarcaron en aquella senda apartada de la norma estaba comenzando la búsqueda de su propio tesoro.

Que nadie se tome esta breve historia como una invitación a la renuncia a los bienes terrenales en pos de una vida mejor. La iniciativa de aquellos pioneros en la búsqueda del tiempo prometido, como muchas de las vivencias que terminan siendo material autobiográfico, venía precedida de modos de vida extremos que, por suerte, muchos de nosotros nunca llegaremos a experimentar.

Para vivir la vida que nos hará más felices no sólo es necesario saber cómo queremos que sea, sino también recordarlo con cierta frecuencia, lo que, por más obvio que parezca, no es lo habitual.

Sin embargo, lo más revelador del *downshifting* o del movimiento de la vida simple es que nos muestra con qué facilidad personas instruidas e inteligentes –y aquí sí nos podemos sentir aludidos– pueden perder el Norte y dejarse guiar por estrellas fugaces.

Todo empieza por una decisión poco meditada, por una invitación difícil de rechazar o por un halago que nos deslumbra. Entonces, casi imperceptiblemente, se da un pasito a un lado y se emprende un camino que no es el que nos habíamos marcado. La luz que vemos al final brilla mucho, puede que incluso más que la que originalmente habíamos tomado como nuestro Norte, pero lo que encontraremos cuando finalmente abramos el cofre que la desprende no será lo que nos habíamos prometido.

El tesoro de nuestra vida es nuestro Norte, es el destino que hemos elegido para nuestros pasos, y si decidimos salir en su busca, debemos proveernos cuando menos de una brújula que, cuando el camino se vuelva sinuoso, escarpado o cuando se vea cubierto de hojarasca, nos recuerde la dirección adecuada.

Para vivir la vida que nos hará más felices no sólo es necesario saber cómo queremos que sea, sino también recordarlo con cierta frecuencia, lo que, por más obvio que parezca, no es lo habitual.

Los puntos cardinales

Las brújulas occidentales de toda la vida, esas sencillas con una caja parecida a la de un reloj, no sólo señalan el Norte.

De hecho, suelen disponer de cuatro agujas soldadas entre sí en ángulos de 90º que giran a la vez cuando movemos la brújula. Normalmente, hay una más grande que las demás, la que apunta al Norte, mientras que las otras tres (las que señalan el Sur, el Este y el Oeste) son menores y del mismo tamaño entre ellas. Si bien el Norte es la referencia fundamental, porque las agujas imantadas se alinean respecto a los polos magnéticos Norte-Sur de la Tierra, quien utiliza una brújula para seguir un itinerario suele tener también a la vista las manecillas del Sur, el Este y el Oeste.

La herramienta que nos sirve para mantener siempre en el punto de mira nuestro tesoro es una brújula imaginaria sencilla, de estilo clásico, que nos marcará el camino hacia ese Norte donde está el cofre, pero que también deja ver dónde se hallan los otros puntos cardinales de nuestra vida.

La idea de una brújula que nos guía por la senda que hemos decidido seguir no es nueva. De hecho, de un modo u otro la han propuesto algunos de los más célebres autores del desarrollo personal y profesional. Entre ellos, Stephen Covey, quien en su libro *Primero lo primero*, contrapone el uso de la brújula con el del reloj en nuestra organización personal. «Para muchas personas existe una brecha entre la brújula y el reloj, entre lo que es sumamente importante y la forma en que hacen uso de su tiempo.»

Según Covey –y en esto nos unimos a él–, la brújula indica dónde están nuestros valores, nuestros principios, lo realmente importante; mientras que el reloj señala las actividades, las tareas a las que dedicamos tiempo. Si el avance de las manecillas del reloj no camina en el mismo sentido que marca la brújula, sentiremos desasosiego e inquietud.

Algunos autores, entre los que se encuentra el propio Covey, han apuntado posibles joyas para colocar en el lugar de los puntos cardinales (en algunos casos, incluso más de cuatro).

Ciertamente, hay algunos valores básicos en los que casi todos coincidiremos aunque se varíe el orden: afectos y familia, salud, trabajo y carrera, entorno social y amistades, seguridad económica y aficiones personales, entre otros. Hay quien propone seis valores básicos, hay quien los refleja en una rueda con ocho radios… No obstante, una rápida reflexión acerca de lo que realmente nos importa en la vida puede llevarnos fácilmente a encontrar los cuatro principios cardinales (incluso menos), en un esfuerzo por simplificar los que van a convertirse en objetos de nuestra atención en la búsqueda de la vida que habíamos soñado.

Piedra de toque y radar

Antes de ver cómo podemos estar seguros de elegir bien los puntos cardinales de nuestra brújula, conviene pensar en sus beneficios, especialmente aquellos quienes todavía duden de su utilidad.

Algunas de las decisiones que debemos tomar se nos antojan concluyentes, como si fueran elecciones radicales en las que una alternativa nos lleva hacia un tipo de vida y la otra, o las otras, hacia vidas completamente diferentes. Hemos de optar con la información de la que disponemos en esos momentos: a un lado las ventajas e inconvenientes de la opción A, y al otro los de la opción B.

Aun a riesgo de simplificar demasiado tan angustiosas situaciones, decidir de ese modo sería algo así como elegir entre tomarse una mariscada o degustar un codillo pensando solamente en sus pros y contras. Con todo el respeto hacia los amantes del buen comer que se encuentren en esa disyuntiva con razones sobradas para el deleite, lo lógico es analizar también la información más importante: ¿alguno de los ingredientes me produce alergia? ¿Hay un plato que me siente mejor que el otro? ¿Qué dicen mis principios morales al respecto?

Esta rápida reflexión está casi automatizada cuando se trata de elegir un manjar, pero no es tan evidente cuando afrontamos decisiones que afectarán a áreas más profundas de nuestra vida. Así, si no ha mediado una mínima reflexión, podemos llegar a asumir responsabilidades que nos «producen alergia», aceptar compañías que nos sientan mal o vernos abocados a tareas que chocan con nuestros principios.

En estas ocasiones, los puntos cardinales son de una inestimable ayuda. Su papel es el de la piedra de toque.[1] Cuando hayamos de elegir entre caminos que parten en más de una

---

1. Antiguo método artesano que permitía valorar la calidad del oro o la plata al contrastar el efecto producido por el ácido nítrico en dos rayas trazadas sobre una piedra dura, una con el metal elegido y la otra con una barrita de calidad ya conocida.

dirección, o cuando estemos considerando si debemos o no embarcarnos en una iniciativa que nos provoca dudas, ha llegado el momento de tomar la brújula y observar si la dirección hacia la que llevará tiene relación con los valores más importantes de nuestra vida.

El cofre que guarda nuestro tesoro, nuestro tiempo prometido, se encuentra hacia el Norte, sí. Pero siempre que sepamos dónde está ese Norte, deambular conscientemente hacia el Sur, el Este y el Oeste puede ser un divertimento, un paso obligado o una excursión de placer. Lo importante es que los cuatro puntos cardinales se relacionan entre sí y si conocemos la dirección de cualquiera de ellos, encontraremos siempre el camino hacia el tesoro.

Además, la brújula también nos servirá como radar, como detector de oportunidades.

Imagine la dificultad de encontrar a Wally en los pobladísimos cómics de Martin Handford si no supiéramos cómo va vestido, si usa gafas o si lleva gorro o no. Dar con él sin esa información de referencia parecería una chocante casualidad. Hay personas que buscan su felicidad así: sin saber en qué consiste y sin tener una imagen de cómo sería su vida si ya la hubieran encontrado. De ese modo, es posible (aunque no muy probable) que un día encuentren lo que buscan, pero también podríamos decir que sería por casualidad.

Por el contrario, cuando uno sabe lo que quiere para su vida y es capaz de condensarlo en cuatro valores básicos, podrá identificar con más facilidad las oportunidades de ponerlos en práctica, desarrollarlos o, simplemente, acercarse más a ellos. Es algo parecido a lo que ocurre cuando uno decide comprarse un coche o va a tener un hijo –obviamente, la elección de los ejemplos es totalmente anecdótica y no supone ninguna semejanza entre ellos–: de golpe, empieza a ver por la calle más vehículos como el elegido y más mujeres embarazadas que nunca. Cuando hacemos una elección relevante, nuestra atención se focaliza de tal manera que vamos tropezando con «argumentos vivientes» que, en la mayoría de los casos, vienen a confirmarla.

El hecho de colocar lo más importante de nuestra vida en los cuatro puntos cardinales de la brújula tiene el poder de convertir las posibilidades en probabilidades y las casualidades en logros.

Elecciones, renuncias y apuestas

Elegir significa optar por una posibilidad y apostar por alguna otra. Vivimos un tiempo en el que pocas cosas parecen imposibles –con más o menos esfuerzo, con más o menos deudas, casi todo está al alcance de la mano– y, ante la abundancia de posibilidades, las elecciones resultan cada vez más penosas. De hecho, se considera que la sobreabundancia de opciones es uno de los factores que llevan al estrés.

Fijémonos en el ámbito profesional, por ejemplo. Hace unas cuantas décadas, las funciones que correspondían a cualquier puesto de trabajo –desde ministro hasta pastor de ovejas– estaban bien delimitadas. Se sabía en qué consistía ese trabajo y lo que se esperaba de quien lo desempeñara. En la actualidad, por el contrario, ¿cuántas personas podrían describir en pocas frases en qué consiste su trabajo y qué se espera de ellas en su desempeño?

Por razones que tienen que ver con la economía, la sociología y las tendencias, las ocupaciones son ahora permeables a múltiples responsabilidades e, incluso, notablemente diferentes en función de quién las ejerza y en qué ámbito. Si uno no conoce claramente qué se espera de su desempeño, ¿cómo sabrá que lo está haciendo bien? Ante un exceso de compromisos, ¿cómo podrá elegir el más importante, el que más afectará, por ejemplo, a su reputación? ¿Cómo se dará cuenta de que ya es suficiente?

En otras esferas vitales sucede algo parecido. Véase el caso de los padres que afrontan el desafío de elegir las actividades extraescolares de sus hijos o las parejas que se plantean unas vacaciones diferentes (en las que, probablemente coincidirán con otros miles de personas que también buscaban algo excepcional).

> Una de las preguntas fundamentales para estructurar una manera de administrar mejor nuestras horas es la que nos incita a pensar el motivo por el que queremos organizarnos mejor, el para qué.

Ante este horizonte, ¿cómo elegir solamente cuatro valores para mi vida?

Enfrentados a este dilema, algunos clientes del asesoramiento para la mejora de la organización del tiempo –en realidad, para la mejora de su calidad de vida– suelen pensar que se trata de elegir las grandes metas para su vida. Probablemente, esta idea se deriva de la cultura empresarial, en la que tan importantes son desde hace unas décadas los objetivos y su consecución.

Sin embargo, las grandes decisiones vitales van más allá de los objetivos, por importantes que éstos sean.

Para la búsqueda de nuestro cofre del tesoro (único y personal), los objetivos serán importantes para otra herramienta (el mapa) y en otra fase del proceso, cuando comencemos a hacer los planes concretos que nos van a guiar hasta el lugar en el que hemos elegido pasar la vida que nos prometimos. Por ahora, lo que necesitamos para montar nuestra brújula son metas más elevadas y motivadoras: valores.

Porqués y para qués, causas y fines

«Cuando pregunto a la gente qué es lo que quiere conseguir, suele responderme cosas como un ascenso, un coche nuevo, unas vacaciones, más ingresos, un marido o una mujer, un niño. Pero, por lo general, tras esos objetivos yace algo más, una meta o un objetivo menos obvio», explica Jinny Ditzler en *El mejor año de tu vida*.

Volvamos un momento al proceso de mejora de la organización del tiempo. Una de las preguntas fundamentales para estructurar una manera de administrar mejor nuestras horas es la que nos incita a pensar el motivo por el que queremos organizarnos mejor, el para qué. Si buscamos la respuesta, probablemente entre las primeras ideas que nos vendrían a la mente se encontrarían algunas como: «Para hacer más cosas», «Para hacerlas mejor», «Para hacer lo mismo en menos tiempo», «Para no sentirme agobiado todos los días...». Cuando menos, suelen ser las más frecuentes entre las personas que siguen procesos de mejora de su organización del tiempo.

Cualquiera de esas contestaciones es válida; sin embargo, aportan pocas pistas acerca de aquello que es realmente importante para nuestra vida. Se trata de pensar para qué fin necesitamos estar mejor organizados. Aunque habitualmente se nos educa más para buscar las causas (los porqués) que para indagar sobre los fines, podemos adaptar la técnica de análisis de «los cinco porqués»[2] a nuestra conveniencia, y de ese modo convertirla en la técnica de «los cinco para qués». En muchas ocasiones, llegaremos a conocer el fin sin necesidad de llegar a la quinta interrogación.

Tomemos como ejemplo la respuesta «quiero organizarme mejor para hacer más cosas» y apliquemos el primer «para qué». Una réplica posible sería «para rendir más en

---

2. La técnica de «los cinco porqués» permite analizar las causas de una determinada situación preguntando cinco veces por las razones de sus síntomas. Tal y como la cita Peter Senge en *La quinta disciplina* (Granica, 1998), se trata de una técnica empleada en Japón en los procesos de mejora de la calidad.

el trabajo y destacar por mi eficacia». Preguntemos por segunda vez para qué: «Para lograr un ascenso rápido y alcanzar el puesto que deseo». De nuevo, para qué: «Tal vez, para sentirme reconocido por mis cualidades y tener la capacidad de hacer las cosas a mi estilo».

Si alguien hubiera respondido de este modo, podría observar que lo que realmente le importa, los fines por los que quiere organizarse, son el reconocimiento y la creatividad.

Otra persona, tras una primera respuesta similar, podría haber continuado con otro tipo de réplicas: «Para mejorar mi perfil profesional y conseguir que me contrate la empresa X, que se encuentra más cerca de mi casa y tiene unos horarios que me permitirían pasar más tiempo con mis hijos y estar más pendiente de su educación». En este caso, lo que realmente le mueve es la atención a la familia.

Éstos son sólo dos ejemplos de valores que marcan los puntos cardinales de nuestra brújula, forman parte de la esencia de las cosas que guarda nuestro cofre del tesoro, aquellas cosas que, si encontráramos el modo de dedicarles el tiempo que merecen, llenarían nuestra vida.

Si tuviera que pasarme el resto de mis días obteniendo de la vida solamente un tipo de recompensa, ¿con qué me quedaría?

Probablemente está pensando que después de varios «para qués» sólo hemos obtenido un par de valores que colocar en un par de puntos cardinales. ¿Y los demás? Puede volver a preguntarse para qué necesita organizarse mejor y buscar nuevas respuestas. Si las encuentra, aplique de nuevo los cinco «para qués» hasta que dé con nuevos valores que le guíen. Pero si no encuentra más, no se preocupe: bastará con que halle el Norte, aquello que realmente le importa y que será la piedra de toque ante cualquier decisión y el radar de las nuevas oportunidades para su vida.

Su brújula le pertenece y puede ser como usted decida. Al fin y al cabo, no va a mostrarla en público ni tendrá que explicar cómo funciona, porque sólo indica un Norte, el suyo, el que apunta directamente a su propio tesoro.

Ahora bien, para saber si el valor elegido es el que realmente importa, conviene hacerlo pasar por un breve test de pertinencia y fiabilidad. Puede volver a preguntarse a sí mismo, aunque en esta ocasión, plantéese la siguiente situación: si tuviera que pasar el resto de mis días obteniendo de la vida solamente un tipo de recompensa, ¿con qué me quedaría? ¿Me bastaría con sentirme creativo, o disfrutar de la sensación del logro o el reconocimiento de mis allegados, o el cuidado de mi familia, o la sabiduría, o la tranquilidad…?

La intención de esta pregunta no implica que en el camino hacia el reencuentro de su tesoro vaya a renunciar a cualquier otro placer o recompensa, por ejemplo, sino que se centrará en conseguir el principal (el Norte) o los fundamentales (el resto de los puntos de la brújula), es decir, que probablemente todo lo que haga se subordinará a esos principios, lo cual no significa rechazar otros regalos que la vida tenga a bien concederle.

No obstante, la búsqueda del tiempo necesario para disfrutar de las cosas y personas más importantes de nuestra vida exige concentrar la atención en menos propósitos, para poder llevarla a aquello que más valoramos, pero de un modo más intenso. De nuevo, la renuncia (la apuesta) permite percibir una esquina del tesoro.

¿Qué ocurriría si, insospechadamente, dos de los puntos cardinales de su brújula entran en aparente colisión? Imaginemos que ha descubierto que entre los valores que realmente le mueven en la vida se encuentran parejas tan extrañas como la sensación de logro y la tranquilidad, la familia y el crecimiento profesional, el servicio a los demás y la dedicación a un *hobby* solitario. ¿Se puede vivir tranquilamente y a la vez salir corriendo detrás del primer reto que se nos plantee, o esforzarse por demostrar méritos para ascender mientras atendemos como es debido a la familia, o distribuir el escaso tiempo libre entre un par de ONG y la filatelia?

En primer lugar, pregúntese si es posible integrar un valor principal en otro –tal vez su *hobby* solitario tiene interés para alguna causa en la que pueda servir a los demás–, y si hay un valor tan importante como para ejercer de freno para los demás –la atención a su familia puede poner un límite a alguna de sus ambiciones profesionales, y a la vez hacerle sentir mejor; o al contrario–. El Norte hará de fiel de la balanza.

Las tres vidas y su conciliación

En la medida en que su brújula es suya y solamente refleja aquello que realmente le importa a usted no es necesaria –y tal vez tampoco relevante– la opinión de otras personas acerca de los puntos cardinales hacia los que apunta.

Sin embargo, puede resultarle beneficioso asegurarse de que en la elección de las cosas y personas que más le interesan están representados los tres principales ámbitos de su vida: el laboral, el familiar y el personal (aficiones e intereses, y relaciones sociales).

No se trata de forzar un reparto equitativo entre ellos. De hecho, a lo largo de los años, el peso relativo de estos tres aspectos de nuestra vida puede ir variando. En una simplificación un tanto burda, podríamos conjeturar que cuando somos jóvenes y estamos comenzando nuestra carrera profesional, probablemente, la vida laboral y la personal (especialmente en su variante social) ganen terreno a la familiar (porque aún no se ha creado el propio hogar y porque acabamos de salir del refugio paterno). Después, la vida en pareja y la fundación de la propia familia, así como el desarrollo de la carrera profesional, pueden arrinconar en la agenda las relaciones sociales y la dedicación a uno mismo. Más tarde, quizá con menos ocupaciones familiares o menos intensidad en el afán laboral, la atención a los propios intereses vuelve a ganar terreno.

Caben múltiples combinaciones y posibilidades, pero, por consejo y consenso de los expertos en perseguir una vida productiva y feliz, conviene que, en cualquier momento en el que nos planteemos hacia dónde queremos caminar en el futuro, tengamos presente la necesaria armonía entre los espacios y los tiempos en los que deseamos habitar.

En una breve pero interesante obra titulada *Boulot-vie privée: équilibrez vos vies* («Trabajo-vida privada: equilibre sus vidas»), Vanessa Genin propone una divertida y a la vez muy gráfica manera de armonizar su brújula: adoptar la teoría de los globos. A partir de la sabiduría popular que recomienda no poner todos los huevos en la misma cesta, Genin anima a imaginar que sujetamos nuestra vida a cuatro globos de cuyo equilibrio depende que seamos capaces de mantenernos en un deseable estado de ingravidez, en flotación permanente. Un globo representa la vida profesional; otro, la familiar; el tercero, el tiempo de ocio personal, y el último, las relaciones sociales. Si desatendemos una de las esferas, se desinflará y nos costará mucho elevarnos, pero, por el contrario, si nos dedicamos a un globo con demasiado ahínco, corremos el riesgo de subir con una estabilidad precaria... y, en el peor de los casos, caer desde demasiada altura.

Organizar la expedición

Si ha aprovechado la lectura de las páginas anteriores para reflexionar sobre su propia brújula y ha encontrado cuáles son los valores fundamentales que dan sentido a su vida (cuando menos, uno: el Norte), tendrá en sus manos una herramienta poderosa para iniciar el camino hacia aquello que realmente le importa en su vida.

La sensación de logro, la expresión de la propia creatividad, el servicio a los demás, el reconocimiento, la seguridad, la tranquilidad… Cualesquiera de estos valores, una vez identificados como Norte, marcarán un rumbo definido.

Ahora bien, saber hacia dónde se quiere ir no significa necesariamente que se conozca ya el camino que se ha de seguir. Por eso, no ha sido casual que tomáramos como ejemplo a las personas que han seguido procesos de mejora de la organización del tiempo. Cuando alguien se acerca a un experto en busca de un modo de aprovechar mejor sus días, en realidad está persiguiendo otro objetivo: quiere sacar partido a cada una de sus horas con el fin de obtener algo más para su vida. Porque, como señaló Benjamin Franklin, el tiempo es la materia de la que está hecha la vida y lo que realmente nos importa en la vida requiere tiempo para disfrutarlo.

Además de saber hacia qué lugar se camina, es necesario saber dónde se va a pisar, imaginar el sendero, sus atajos y sus complicaciones, para decidir cuáles van a ser los pasos.

Tomar decisiones por adelantado es, en realidad, proyectar, planificar. Cuando organizamos cualquier evento, lo que estamos haciendo es elegir nuestras acciones con antelación, pensar qué haremos en un momento futuro y seleccionar una opción de entre las que se nos pueden ofrecer. De ese modo, reducimos la incertidumbre que siempre provoca el futuro y nos permitimos imaginar un desenlace favorable. En eso consiste la planificación, es decir, la organización personal, la que nos va a permitir dibujar el mapa que nos guíe hasta el punto en el que logremos el tiempo necesario para disfrutar de nuestro tesoro.

Todo esfuerzo de organización personal tiene doble premio. El primero es conseguir los objetivos que nos hayamos propuesto y, como consecuencia, sentirnos más eficaces; pero si esos objetivos han sido elegidos con la brújula en la mano, el premio gordo consiste en que, además, despejaremos bastantes de las preocupaciones y los agobios diarios, y viviremos más intensamente y mejor, es decir, ganaremos tiempo de calidad para nuestras vidas.

Tal vez ha llegado el momento de comenzar a emplear el pensamiento inverso, uno de los protagonistas de la búsqueda del tesoro. Planteémonos las cosas al revés, una vez más. Habitualmente pensamos que la organización es el paso previo e inevitable para conseguir aquello que uno se ha propuesto. En la frase anterior, el orden de los factores es de vital importancia: primero, nos organizamos, y después (si todo va bien), logramos el fin. Pero en la vida real, como vimos en el primer capítulo, todo proyecto comienza por el final, por el resultado que deseamos obtener. Visto así, deberíamos cambiar el sentido de la frase y, con ella, nuestra actitud ante los grandes retos que tienen forma de objetivo: la organización es lo que sucede cuando definimos claramente el fin.

Como diría Claudio Coelho, una vez elegido el destino, el universo conspirará para que lleguemos hasta él; si bien conviene estar atento a sus indicaciones y poner algo de nuestra parte.

La hora de la intención

La brújula que hemos construido reflexionando sobre lo que verdaderamente nos importa en la vida marca la dirección de nuestras intenciones profundas, de aquello que realmente queremos lograr.

Es fundamental descubrir esos fines e instalarlos en la brújula que marcará siempre el camino por el que hemos decidido transitar. Ahora bien, del mismo modo que en el transcurso de la vida van cambiando nuestras creencias, nuestra manera de pensar y hasta las actividades rutinarias, también pueden modificarse nuestros puntos cardinales, nuestras intenciones. De hecho, algunos acontecimientos de la vida (como el comienzo de la vida en pareja, la llegada de los hijos o la pérdida de seres queridos) suelen impulsar hacia una reflexión profunda y un cambio, siquiera leve o inadvertido, de algunos valores y, por lo tanto, pueden modificar el orden de las cosas y las personas que constituyen nuestro tesoro.

Lo importante es recolocar la brújula, instalar nuevos puntos cardinales, si fuera necesario, y reiniciar el camino hacia el Norte.

Claves para la búsqueda del tesoro

• Para iniciar el viaje en busca de su cofre (del tiempo necesario para disfrutar de las personas y cosas que realmente
le importan) es necesario ayudarse de herramientas que
muestren el camino. La brújula es la primera de ellas.

• El valor de una brújula en esta expedición reside en el hecho de que marca la dirección de los pasos hacia la búsqueda y en que es absolutamente personal: indica cuáles
son los valores esenciales de su tesoro, las particularidades
que hacen que brille.

• En esta brújula, todos los puntos cardinales importan. De
hecho, puede tener más o menos de cuatro... porque los
principios que nos mueven hacia una buena vida no tienen ni mínimo ni máximo. Son sus propios valores y, aunque el Norte indique la dirección del destino (el cofre), los
demás servirán de referencia cuando los acontecimientos
de la vida lleven por caminos no previstos.

• Saber hacia dónde ir (la dirección, la intención) no implica necesariamente que se sepa por dónde caminar. Para
ello necesitaremos un mapa en el que reflejar los pasos,
las etapas, las rutas alternativas y, también, las paradas.

3.
El mapa

Mónica, 28 años, administrativa

«Habitualmente sé lo que quiero. De la vida, del trabajo, del futuro... Lo que no siempre tengo tan claro es cómo conseguirlo. De hecho, cuando empieza el día (cualquier día) arranco con buenas intenciones, pero según pasan las horas me veo arrastrada por los imprevistos, las emergencias, los requerimientos de los demás. Y termino con la sensación de que me he dedicado a cualquier cosa menos a lo que realmente quiero para mi vida.»

Manuel, 51 años, funcionario

«Creo que lo que me sucede con mi vida es similar a lo que me pasa cuando viajo. Elijo el destino y me lanzo, sin más reflexión, sin planes y sin mapas prefijados. Supongo que me atrae mucho la parte de aventura, de empezar sin limitaciones. Sin embargo, cuando estoy a medio camino, me doy cuenta de que, en realidad, encuentro más barreras y que los imprevistos no siempre son aventuras. Por el contrario, los obstáculos que me encuentro (tanto en la vida como en los viajes) me impiden, con frecuencia, disfrutar del trayecto y ha habido ocasiones en las que he terminado lejos del destino que había elegido.»

Carmen, 47 años, profesora
Cuando echo la vista atrás, tengo la sensación de que pocas veces he sido yo quien ha decidido el rumbo de mi vida. Que yo recuerde, ha habido cuatro ocasiones en las que podía optar por un camino u otro, pero en las cuatro, en el momento en que más clara parecía ver la decisión, aparecía alguien cercano que, con su mejor intención, me animaba a ir por el lado contrario. No me resulta fácil decir que no, así que entre unas cosas y otras me encuentro ahora con que me gustaría estar viviendo otra vida. Pero sé que no es tarde para intentarlo de nuevo.»

Mario, 39 años, diseñador
Soy experto en propósitos de Año Nuevo. De hecho, hay unos cuantos de mis objetivos que se han convertido en motivo de risas para mis amigos y familiares. Cada mes de enero me preguntan si he empezado ya a preparar una maratón o si ya estoy en el plan de dejar de fumar, o si es este año cuando me tomo una excedencia para ir a estudiar inglés al extranjero... Siempre empiezo con ganas y casi todos los meses de enero comienzo a planificar todo a la vez, el mes de febrero estoy desfondado y, en marzo, ya hago la misma vida que el diciembre anterior: sólo trabajar e ir de acá para allá resolviendo temas urgentes. Supongo que me falta voluntad.»

En *La isla del tesoro*, la novela de aventuras de Robert Louis Stevenson, cuando el joven protagonista Jim arriba al islote en el que espera encontrar el cofre escondido por el capitán Flint, se encuentra con Ben Gunn, un marinero que lleva tres años sobreviviendo en el agreste territorio tras ser abandonado por sus compañeros de tripulación. La suya es una historia menor dentro de la apasionante obra de tesoros y piratas, pero tiene una moraleja interesantísima.

Benjamin Gunn navegaba junto a Flint cuando éste enterró el cofre en la isla. El marinero esperaba a bordo mientras el capitán bajó a tierra para esconder el tesoro, por lo que conocía el lugar, pero no el punto exacto en el que se hallaba el botín. Años después, Gunn viajaba en otro barco cuando reconoció a lo lejos la isla. Convenció a sus compañeros para desembarcar y buscar el tesoro..., sin más recursos que su ambición. Pasaron doce días recorriendo el terreno afanosamente, cada vez más desanimados; como cuenta el propio Gunn, «crecía su rencor contra mí, hasta que una buena mañana decidieron regresar a bordo» y lo abandonaron a su suerte.

¿Cuál fue el delito que condenó a Ben Gunn a tan terrible castigo? No fue su codicia (compartida por sus compañeros), sino su falta de previsión, ya que los arrastró a una búsqueda agotadora e infructuosa por no disponer de un mapa.

Muchas veces nos sucede algo parecido en nuestras vidas, aunque –¡por suerte!– sin consecuencias tan pavorosas, aparentemente. Nos ponemos en marcha hacia un objetivo, con ilusión e incluso con confianza en nuestras posibilidades, pero sin una idea básica de cómo podemos llegar al esperado desenlace. Al comienzo, la esperanza nos empuja y somos capaces de sortear imprevistos, retrasos y dudas, pero con el paso del tiempo, cuando nos damos cuenta de que los resultados tardan en asomar por el horizonte, nos abraza el desánimo, las incertidumbres ganan a las certezas y empezamos a pensar que tal vez no era tan buena idea aquello que en su día nos pareció una aventura fabulosa.

Obviamente, cuando uno inicia un camino no siempre puede conjurar por adelantado todos los peligros ni conocer de antemano las escapatorias a todas las contrariedades, pero existe un recurso que ayudará a minimizar sus efectos: disponer de un mapa, en concreto, el plano que lleva hacia nuestro tesoro.

Al igual que para cualquier otro proyecto que merezca la pena, la búsqueda de tiempo para disfrutar más de las personas y las cosas que realmente nos importan requiere trazar un plan. Como ya hemos comentado, es fácil salirse del rumbo marcado. Cuando el camino es largo, apenas un paso a un lado basta para que la trayectoria final sea completamente diferente a la marcada al inicio.

En este momento, conocemos los dos puntos clave de nuestra ruta: el principio es nuestra situación actual, y el final está señalado por el Norte de la brújula, el lugar en el que se esconde nuestro cofre del tesoro. Para garantizar que no nos perdemos por el camino, debemos identificar la ruta idónea entre ambos, trazar el itinerario y reflejarlo en un mapa que podamos consultar en caso de desorientación o duda.

Breve manual de cartografía vital

Dibujar un mapa que sirva para vivir mejor la vida que nos hemos prometido presenta algunas diferencias sutiles respecto a la cartografía geográfica. En primer lugar, como ya hemos visto, en el caso de la vida, el lugar de destino es elegido por uno mismo. Aunque, como también sabemos, cuando lo que nos planteamos es recuperar a las personas y las cosas que son realmente importantes para nuestra vida (nuestro tesoro), nos guiamos más por una intuición que por una certeza. No sabemos cuál es el lugar exacto al que queremos llegar –de hecho, en ese sitio se encuentra la mayor riqueza de nuestra vida; si supiéramos con certeza dónde se encuentra, probablemente habríamos iniciado hace tiempo el camino–, pero tenemos algunas pistas que nos indican en qué dirección se halla.

**Dibujar un mapa que refleje cuál es el camino
que vamos a seguir para llegar hasta aquello que es
verdaderamente importante en nuestra vida, con
sus obstáculos y sus oportunidades, nos permitirá
distribuir la pasión, de modo que alimente cada
una de las etapas del viaje.**

A veces, incluso, lo que nos guía es solamente la sensación de que la senda por la que ahora caminamos está equivocada, si bien sólo podíamos saberlo después de transitar (con incomodidad y desasosiego, incluso con dolor) por ella.

Por lo tanto, el punto de destino en la cartografía vital es, inicialmente, apenas una dirección: el Norte.

Por suerte, otra de las diferencias entre ambas disciplinas es que en la vida, a medida que caminamos, se nos va revelando con más claridad la meta; de modo que esta cartografía vital nos exige cierta confianza en el proceso, que en el caso de la geográfica no es tan necesaria porque se conocen de antemano el origen y el fin.

En este momento, nuestra tarea consiste en unir nuestro estado actual con el deseado trazando un itinerario preliminar, para el que se nos abren numerosas opciones.

En la cartografía técnica, las posibilidades de esbozar rutas se ven condicionadas por los accidentes geográficos, de los que —es una premisa obvia— el experto tiene ya conocimiento.

No suele suceder lo mismo cuando proyectamos recorridos vitales. Por eso es tan importante esclarecer las dificultades que podemos encontrar sobre el terreno antes de dibujar el itinerario que vamos a seguir.

El arte de imaginar

Antes de elegir el trazado, un experto en mapas analiza los datos geográficos de los que dispone: por aquí hay un valle, por allá una colina, aquí cruza un río... Todos ellos le permiten decidir con antelación el camino menos accidentado, el que le lleva con menos esfuerzo hacia su destino.

Del mismo modo, la cartografía vital también exige analizar con antelación el terreno, pero en este caso no disponemos de datos previos. De hecho, ya hemos visto que estamos trazando un camino intransitado, nadie lo ha recorrido antes, por lo que no hay información que nos asista y, una vez más, debemos confiar en la intuición.

Ha llegado el momento de contar con una importante facultad a la que con frecuencia recurrimos demasiado poco y demasiado tarde: la imaginación.

El arte de imaginar tiene mala prensa desde hace tiempo. No hace falta remontarse al siglo XVI, cuando Santa Teresa de Jesús definió la imaginación como «la loca de la casa»; todavía hoy, en muchos ámbitos, imaginar tiene un sentido negativo, más próximo a fantasear o a crear quimeras que a su significado real.

Para crear el mapa, necesitamos utilizar la imaginación. ¿Con qué fin? Visualizar escenarios, lugares por los que vamos a pasar a lo largo de nuestro itinerario.

Según el diccionario de la Real Academia Española, la imaginación es la «facultad del alma que representa las imágenes de las cosas reales o ideales». Por lo tanto, se trata de una capacidad neutra que, como todas las destrezas, puede ser utilizada para diferentes fines. Pero también, al igual que otras habilidades, exige disciplina y cierto esfuerzo para sacar partido de ella.

Si la dejamos vagar sin dirección, su naturaleza creativa la puede llevar a la ilusión y hasta al desvarío, con lo que eso puede suponer de confusión. Una imaginación desbocada, en ese sentido, puede aprovecharnos tanto como una lluvia de plumas: son muy bellas, desde luego, incluso puede que alguna permanezca posada sobre nuestro hombro, enganchada en el tejido de nuestra ropa, pero la mayoría de ellas resbalarán y volarán a la mínima ráfaga de viento.

Ahora bien, una imaginación entrenada para responder a nuestras demandas en el momento en que la necesitamos es de gran utilidad, sin perder nada de su belleza. Este tipo de figuración es la que emplean los deportistas cuando prevén un rendimiento extraordinario, los estrategas cuando tratan de adivinar situaciones que aún no se han producido, y casi todas las personas en un momento u otro de su vida. ¿Acaso no imaginan los futuros padres cómo será su hijo? ¿No soñamos despiertos con los grandes acontecimientos de nuestra vida antes de que sucedan?

Esa imaginación es la que necesitamos en este paso de nuestra experiencia como cartógrafos. Pero, además, es recomendable soñar sobre papel, para que ninguna de las ideas que la imaginación nos preste se desvanezca como la lluvia de plumas.

¿Qué es lo que vamos a imaginar en el camino hacia el Norte? Escenarios: lugares por los que vamos a pasar en nuestro itinerario, posibles accidentes del terreno, probables sitios de descanso…

Grandes metas y metas volantes

En los métodos clásicos de gestión del tiempo, esos escenarios se corresponderían con lo que se entiende por objetivos o metas. El primero de los términos se ha extendido con facilidad en el ámbito empresarial y laboral: se gestiona por objetivos, se trabaja con objetivos, se han de cumplir objetivos de ventas o de captación de clientes...

Curiosamente, cuanto más se habla del término, más personas se muestran recelosas acerca de lo que implica. Probablemente porque muchas de ellas trabajan persiguiendo objetivos que no siempre eligen.

Con el fin de no contaminar el espíritu de nuestra expedición hacia el tesoro de nuestra vida, elegiremos preferentemente el término meta, que tiene la virtud de evocar un concepto más amplio y, sobre todo, ofrece connotaciones más positivas.

En este momento alguien puede estar preguntándose si la meta no es, en sí, alcanzar el tesoro, vivir la vida prometida. En realidad, ese fin es algo más que una meta, es el propósito de nuestra existencia.

Alcanzar el tesoro es mucho más que una meta: es el verdadero propósito de nuestra vida.

De hecho, si hemos reunido en el tesoro todo lo que realmente nos importa (aquello que da sentido a cualquier tarea o actividad en la que nos embarquemos), podemos decir que vivimos para ello, que ése es nuestro propósito vital, tanto si se trata de cuidar de la familia como de acoger perros abandonados.

Los escenarios que con la ayuda de la imaginación pintaremos en el mapa son propiamente las metas que, una vez alcanzadas, nos irán llevando a cumplir ese propósito, a tomar posesión del tesoro.

Una de las personas que, a lo largo de la historia, más ha destacado por su habilidad para lograr metas ha sido Napoleón Bonaparte, y él parecía confiar en la imaginación y en los mapas. Como relata Alexis Suchet en *Napoléon et le management*, el pragmático estratega corso imaginaba por adelantado todas las posibles contingencias e ideaba diferentes desenlaces con el fin de estar preparado ante cualquier cambio en las circunstancias de la batalla: «Un plan de campaña debe tener previsto todo aquello que el enemigo pueda hacer y contener él mismo los medios de frustrarlo». ¿Cómo representaba tanta previsión? No con sueños, ni palabras: el emperador hacía mapas porque creía que «un buen dibujo vale más que un largo discurso».

Dibujar el conflicto

Al imaginar los escenarios deseados, lo primero que revela el plan para ir en busca del tesoro de nuestras vidas es un conflicto. Hyrum Smith, uno de los grandes expertos en gestión del tiempo, en *The 10 natural laws of successful time and life management*, define los objetivos (que aquí traduciremos por «metas») como «conflictos planificados con el statu quo. Por definición, entonces, lograr un objetivo significa hacer algo nuevo, dejar el terreno familiar y cómodo de nuestras zonas de confort y explorar nuevas fronteras».

Volvamos a revisar la situación: sabemos dónde estamos y tenemos una idea del punto hacia el que nos vamos a dirigir. Uno es el escenario real, y el otro, el ideal; y ambos entran en conflicto. Si trasladamos estos datos a un día cualquiera de nuestra vida (hoy, por ejemplo), las circunstancias podrían ser parecidas a la siguiente afirmación: sé qué hice ayer, sé lo que debo hacer hoy…, pero en realidad me gustaría hacer otras cosas, dedicar tiempo a otras personas, disfrutar de otras actividades.

¿Cómo llegar de un punto a otro, de la realidad de hoy al ideal del futuro? Es el momento de usar la imaginación.

Supongamos que hoy me levanto con el tiempo justo de prepararme para salir, voy a trabajar en coche y sufro los atascos matutinos, me quedo en la oficina hasta tarde (por exceso de tareas pendientes), llego a casa ya de noche y con demasiado cansancio, y me acuesto casi de madrugada después de dedicar un tiempo a rezongar porque no es éste el día que me hubiera gustado vivir.

¿Cuál hubiera sido el día ideal? Tal vez me habría gustado levantarme tranquilamente, ir a trabajar en transporte público, leyendo un buen libro, trabajar las horas necesarias para cumplir eficientemente con mis responsabilidades, salir a tiempo de ir al gimnasio o de ver una exposición, o de tomar algo con los amigos o de jugar con mis hijos; volver a casa a una hora que me permita disfrutar de mi vida personal, y acostarme con la conciencia tranquila y una prometedora noche de descanso por delante.

Juguemos ahora a las diferencias. ¿En qué se distinguen ambos escenarios? ¿Qué es lo que separa la realidad de lo ideal?

Antes de empezar a señalar los contrastes, es conveniente observar que el período de un día no es un espacio de tiempo independiente. Por el contrario, lo que hacemos y somos hoy está estrechamente relacionado con lo que sucedió ayer y lo que esperamos que ocurra mañana. Por esta razón nos resulta a veces tan complicado cambiar una conducta o una rutina, porque no se trata de un hecho aislado, sino de un hilo complicadamente ensartado en el tejido de nuestra vida.

Sin desestimar esta observación, pasar del estado actual al ideal nos exige quebrar por algún punto el círculo de excusas y pretextos con el que a menudo nos protegemos. Así, para que el día que uno desea vivir sea diferente del día que ya ha vivido, será necesario elegir un punto de ruptura. ¿Cuál? Por difícil que resulte, es conveniente iniciar la grieta por la situación que parezca más justificada. De ese modo, el resto de las circunstancias, especialmente las que se subordinan a ella, encontrarán menos resistencia al cambio.

Si volvemos al ejemplo anterior, probablemente la situación que se protege con más excusas es el exceso de trabajo por acumulación de tareas pendientes. Es ella la que justifica las horas extras, la falta de tiempo para las actividades de ocio, la fatiga y las tribulaciones por el día perdido.

He ahí nuestra primera meta, nacida directamente –como indicaba Hyrum Smith– del conflicto entre nuestra situación actual y la que realmente deseamos para nuestra vida.

Cuando la imaginación proporcione más de una posibilidad para establecer itinerarios, ha llegado el momento de retomar la brújula e identificar, gracias a ella, el recorrido que más nos acerque a nuestro Norte.

Ha llegado el momento de señalar el primer punto de referencia de nuestro mapa: el escenario ideal consiste en trabajar de tal modo que se llegue a tiempo a todos los compromisos, que se cumplan los plazos y, sobre todo, que se termine la jornada a su hora.

Ahora debemos unir con una línea el itinerario que lleva del escenario real al ideal, para lo que, de nuevo, recurriremos a la imaginación. Como el cartógrafo técnico, necesitamos información acerca del terreno que separa uno y otro (¿hay montañas que escalar, valles que descender, ríos que cruzar, puentes que nos facilitarán el paso?); pero a diferencia de él, no podemos tomarlos de una fotografía o un banco de datos: tenemos que imaginar.

De nuevo en el caso posiblemente real, nuestro escenario ideal supone, entre otras cosas, que hemos resuelto tareas pendientes. Para dibujar el itinerario hasta ese escenario, hemos de imaginar cómo podemos dar salida al trabajo acumulado, pero también tendremos que pensar en solucionar la causa que nos ha llevado a esa situación.

Éstos serán pasos intermedios en el itinerario hacia el primer escenario, se representarán en el mapa como puntos destacados y servirán para indicarnos que hemos logrado una distancia prevista, como los mojones o los puntos kilométricos de las carreteras.

Hemos de imaginar también si podría suceder algo que obstaculizara nuestro paso o que nos obligara a desviar el rumbo. Preverlo facilitará la preparación de estrategias que nos ayuden a superar las dificultades o, incluso, a diseñar itinerarios alternativos, como Napoleón.

En cuanto logremos imaginar con detalle ese primer escenario ideal, podremos empezar a pensar en el siguiente. Si volvemos a la descripción de un día actual, veremos que después de solventar el exceso de trabajo tenemos varias opciones para elegir el siguiente paso.

Entre ir al gimnasio, tomar algo con los amigos o jugar con los niños, ¿qué es lo que más se acerca a la vida que realmente quiero vivir? ¿Alguna de estas actividades procede de alguno de los valores que marcan mi brújula? Si es el caso —y es probable que lo sea—, ése será el siguiente escenario y hacia él nos llevará el nuevo itinerario que parte de la meta anterior.

Es el momento de tomar la brújula y asegurarnos de que la elección que tomemos sea la que más directamente nos lleva hacia el Norte, hacia el tesoro, aunque resulte difícil.

Las áreas difíciles

Como ya se empieza a ver, dibujar el mapa no es sólo cuestión de imaginar; la parte más importante es la que implica tomar decisiones. Parafraseando la definición de objetivo de Hyrum Smith, avanzar hacia las propias metas significa decidirse a hacer cosas nuevas, olvidarse de caminos conocidos y explorar nuevas fronteras, sobrepasando nuestra barrera del confort.

Elegir un solo recorrido de entre los posibles exige realizar algunas renuncias: en unos casos supondrán dejar viejos hábitos; en otros, aprender a decir no a las demandas de otras personas.

A la hora de imaginar posibles itinerarios entre el escenario actual y el que verdaderamente deseamos vivir, se nos plantearán opciones más o menos cómodas. Probablemente, habrá vías rápidas, pero correremos el riesgo de pasarnos la salida oportuna, o caminos sinuosos rodeados de hermosas arboledas en los que podemos distraernos y retrasar la llegada. Nos veremos abocados a afrontar la incertidumbre de no haber pisado antes esos senderos, la posible falta de recursos o habilidades ante situaciones imprevistas e, incluso, la soledad del caminante.

Sin embargo, si queremos llegar a un lugar en el que nunca antes hemos estado, debemos tomar rutas desconocidas, con los riesgos que ello suponga. Los nuevos trayectos se hallan fuera de nuestras zonas de confort: esos terrenos, personas y actividades con los que nos encontramos a gusto, que nos son familiares y no nos causan más desazón de la que tenemos comprobado que podemos soportar.

Ahora bien, por comparación, ¿cuánto tiempo podremos soportar el hecho de habitar en un escenario en el que no estamos satisfechos?

Sobrepasar nuestras zonas de confort supone establecer nuevas fronteras en el mapa, lo que implica romper algunos límites. En algunas ocasiones, esa ruptura supone comenzar a actuar de un modo diferente, pero la mayoría de las veces significa algo tan aparentemente simple como decir «no». Sólo aparentemente simple.

En el ejemplo que hemos manejado hasta ahora, el primer escenario al que nos hemos planteado llegar (salir a la hora oportuna del trabajo) exigirá de nosotros tomar la determinación de establecer nuevas formas de actuar respecto a las tareas pendientes, por ejemplo. Alguien puede estar pensando, y con razón, que con seguridad eso llevará a sobrecargarse de trabajo. En este sentido, François Delivré comenta en *Question de temps*: «Quien comienza a organizar mejor su tiempo tiene que hacer frente, temporalmente, a una sobrecarga. Me he dado cuenta de que las personas que se dejan desbordar muestran una tendencia a no tomar en cuenta más que los objetivos a corto plazo, sin haber reflexionado sobre las líneas directrices que constituyen sus objetivos esenciales. Sienten la desagradable impresión de estar invadidos por lo cotidiano, de perder sus jornadas, lo que significa perder sus vidas. Pero en el momento en que toman distancia [...], su vida empieza a cambiar. Semana a semana, mes a mes, año a año, estas personas van a lo esencial, no se dispersan y encuentran el tiempo de hacer aquello que realmente desean».

Lo que explica Delivré es, en realidad, que no sólo se trata de imaginar escenarios y dirigirse hacia ellos a través del itinerario ideado. Es importante retomar la brújula, revisar lo esencial (aquello que realmente queremos) y confirmar que cada paso lleva hacia el Norte. Ése es el único modo de garantizar que, cuando llegue el momento de afrontar la incertidumbre que se genera por el hecho de pisar nuevos caminos o las fatigas de desbrozarlos, seguiremos manteniendo la motivación necesaria para superar las incomodidades y los esfuerzos requeridos.

Pero, además, el mapa exigirá de nosotros alguna renuncia personal —en el caso del ejemplo que hemos tomado, podría significar no salir a tomar un café a media mañana, y probablemente también será necesario negar algún favor que se nos pida.

Habitualmente, decir no o negarnos al requerimiento de una persona cercana resulta difícil. Sin entrar en explicaciones psicológicas, sólo haremos algunas reflexiones que pueden servir de ayuda.

Casi todos los autores que, de un modo u otro, han pensado en la gestión del tiempo y la conciliación de la vida personal y laboral terminan hablando de la necesidad de decir no. Desde los más filosóficos hasta los más prácticos. Como ejemplo, Vanessa Genin, en *Boulot-vie privée*, dedica un capítulo entero al aprendizaje de la capacidad de declinar invitaciones o demandas que nos alejan de nuestro Norte.

> **Quien acepta un compromiso**
> **que no le conviene, en realidad**
> **está diciéndose no a sí mismo.**

Probablemente, más que de una capacidad deberíamos hablar de una habilidad. Quien acepta un compromiso que no le conviene, en realidad está diciéndose no a sí mismo, de lo que se puede deducir que sí dispone de esa capacidad, pero no emplea adecuadamente la habilidad de hacerlo de tal manera que le permita seguir sintiéndose bien respecto a la persona que le ha puesto en conflicto.

Por eso, Genin apuesta por actitudes ante las demandas ajenas más que por trucos para salir del paso. Así, señala que antes de responder sí o no, conviene tomarse el tiempo de decidir. Pero eso no supone dilatar eternamente la respuesta: ganará en comodidad si evita dejar una situación o una petición sin solucionar o sin responder, señala. Por lo tanto, reflexione objetivamente sobre el problema, haciendo abstracción de la persona que lo está planteando, y después mida los riesgos que le supondría el rechazo, esta vez teniendo en cuenta ante quién está rehusando. Si sigue siendo oportuna una respuesta negativa, expóngala con naturalidad, argumentándola desde sus propios deseos y necesidades, y por último, siéntase libre y responsable, es decir, asuma las consecuencias que de ello se deriven. En cualquier caso, sean las que sean, si han sido pensadas objetivamente, siempre le acercarán a su cofre del tesoro.

De nuevo, las tres vidas

En algunos cursos de gestión del tiempo y organización personal pedimos a los asistentes que levanten la mano si en alguna ocasión se han hecho un propósito que nunca cumplieron. Por el ímpetu con el que se elevan los brazos, a veces vuelan las carpetas y los bolígrafos.

Incluso cuando preguntamos si esa circunstancia se ha producido en los últimos meses –pongamos seis–, más de la mitad de la audiencia suele aceptar que le ha fallado la resolución a la hora de afrontar un reto.

Disponemos de las habilidades necesarias para estimular nuestra motivación y nuestra capacidad de alcanzar metas. La cuestión es que habitualmente sólo las empleamos en el ámbito laboral.

Lo más interesante se revela cuando, en conversaciones personales posteriores, preguntamos a qué ámbitos pertenecen la mayoría de los proyectos no logrados: es la vida personal la que sale perdiendo en el reparto de voluntades y tiempos.

¿Acaso es que no nos importan nuestra salud, nuestras aficiones, nuestro hogar, nuestros amigos o nuestra familia? ¿O es que, simplemente, nos importan menos que el trabajo?

Si ha encontrado ya los puntos cardinales de su brújula, y ha constatado que, además, recogen personas y cosas que se hallan en las diferentes esferas de su vida, la respuesta a las dos preguntas anteriores debería ser un rotundo no. ¿Qué sucede entonces?

Un diagnóstico rápido señalaría dos causas: por una parte, una motivación menor que la que nos impulsa en las demás áreas de la vida; por otra, una aplicación menos frecuente de las habilidades que nos permiten alcanzar metas en otros ámbitos.

Damos por hecho que tanto la capacidad de motivarse como la destreza a la hora de lograr objetivos vienen en la dotación «de serie» del común de los mortales. Cualquiera que haya realizado una compra en el supermercado en menos de una hora, que haya aprobado un examen o que haya organizado un evento (incluso una cena íntima o una fiesta entre amigos) dispone de ambas.

De nuevo, la facultad que moviliza tanto la motivación como la capacidad de lograr metas es la imaginación bien aplicada. Como apunta Xavier Soler en su magnífico libro *Pura motivación*, para estar motivados «hay que pensar regularmente y de manera constructiva en el objetivo que se pretende conseguir, en la forma y en los medios de activar conscientemente nuestras motivaciones para actuar y ver cumplidos nuestros deseos. Estar motivado es visualizar la imagen del éxito en el momento en que alcanzamos nuestros fines». Será la imaginación la que nos permita visualizarnos en los escenarios que hemos elegido y en los itinerarios que nos llevarán a ellos, también en las áreas personal y familiar.

La vida menos pensada

Todo lo que hemos visto hasta ahora sobre nuestro mapa (desde el uso de la imaginación para idear los escenarios en los que queremos pasar nuestro futuro hasta la habilidad de decir no para proteger nuestro rumbo) tiene que ver indefectiblemente con la toma de decisiones.

Cuando resolvemos que para llegar a disfrutar de nuestro tesoro necesitamos lograr un horario de trabajo racional o ponernos en forma o aprender alemán, en realidad estamos tomando decisiones por adelantado. De hecho, hasta decir no (negarnos a una demanda) ha de implicar que hemos decidido por adelantado que asumimos las consecuencias de no hacer algo.

**Si no se piensa la vida,
uno acaba por encontrarse viviendo
la vida menos pensada.**

Decidir con antelación es lo mismo que planificar, como ya hemos visto. De hecho, el arte de organizarse bien, en un primer momento, consiste en imaginar lo que hemos de hacer y determinar el momento en que lo abordaremos.

El término planificar (como sucedía con el de objetivo) tiene connotaciones con las que habitualmente no nos gusta cargar cuando se trata de nuestra vida personal. Pero, al fin y al cabo, en la medida en que planificar nos permite liberarnos de tener que tomar decisiones a cada instante, la planificación nos ayuda a simplificar la vida.

Lo que hacemos al pintar nuestro mapa del tesoro es precisamente deliberar acerca de la vida que queremos vivir y tomar decisiones que nos lleven hacia ella, con la suficiente flexibilidad como para revocarlas o adaptarnos a las nuevas circunstancias si fuera necesario.

Si hurgamos un poco más, incluso se verá con claridad que el gran provecho que se extrae de pintar el mapa que nos lleva hasta el tesoro consiste en hacernos reflexionar acerca de nuestra propia vida, establecer un diálogo interior que tiene como fin pensar acerca de lo que es más importante para uno mismo; porque si no se piensa la vida, uno acaba por encontrarse viviendo la vida menos pensada.

En ocasiones, tenemos todo lo necesario para ser felices, menos un plan para lograrlo.

Pensar la vida, organizarse o planificar es hablar con uno mismo en el futuro, en un modo de comunicación íntima y fructífera. Es el reverso del diario y, por eso, se relaciona con la imaginación del mismo modo que el diario lo hace con la memoria.

Leyenda y memoria

La memoria es la segunda facultad fundamental para realizar el trayecto hacia nuestro tesoro. Así como Hansel y Gretel, en el cuento de los hermanos Grimm, utilizaron primero guijarros blancos y después migas de pan para dejar pistas que les permitieran regresar a su casa a través del bosque, es conveniente que marquemos algunas partes del camino hacia el cofre del tesoro, por si sucediera que nos perdemos o desviamos el rumbo y tenemos que volver hacia un escenario anterior.

Esas marcas serán nuestra memoria del viaje y acabarán formando la leyenda del mapa, de tal modo que con sólo mirarla, en un momento de duda, podamos recordar cómo hemos llegado hasta el punto en el que estamos y qué opciones tenemos de volver a la senda que inicialmente habíamos elegido.

En la leyenda constan las decisiones que tomamos al principio de la expedición, cuando comenzamos a imaginar («llegaré a este escenario», «lo haré a través de este recorrido», «afrontaré las posibles dificultades con este recurso»…), pero también se reflejan los pasos dados, los imprevistos encontrados y las modificaciones que hemos tenido que hacer sobre la marcha.

Disponer de este tipo de recordatorios nos proporciona una ventaja añadida: si en algún momento fuera necesario o simplemente atractivo, podemos distraernos del camino, disfrutar de un paseo no planificado, detenernos a pasar la noche en un lugar que encontramos por sorpresa… porque tenemos la tranquilidad de que, gracias a la leyenda –y a los guijarros blancos que ha ido dejando la memoria–, podremos hallar el camino que nos devuelve al escenario por el que habíamos decidido pasar.

Es importante guardar en la memoria los pasos dados, incluso en los aspectos más nimios de la vida diaria. Ese recuerdo nos otorga la libertad de salirnos del camino fijado con la seguridad de que sabremos volver al itinerario escogido cuando lo deseemos.

Obviamente, el hecho de recordar (o de ojear la leyenda del mapa) no supone que instantáneamente corregiremos el rumbo o dejaremos de vacilar ante un paso titubeante. Pero en la leyenda –y, por lo tanto, en la memoria– mantenemos a la vista aquello que hemos decidido que es lo verdaderamente importante para nosotros (a estas alturas, incluso con algunos detalles), y es posible que hasta conjure el peligro de caer en la vida menos pensada.

La hora de la imaginación

Al inicio de este capítulo recordábamos la historia del marinero Benjamin Gunn en *La isla del tesoro*, de Stevenson, y nos preguntábamos cuál había sido la falta que lo condenó al destierro solitario en la isla. Fue la falta de previsión. Al pobre de Gunn le guió la prisa por hacerse con el cofre del tesoro; él tenía una ligera idea de dónde podía hallarse y convenció a sus compañeros de singladura para derrochar el tiempo y las energías examinando todos los posibles escenarios en los que el viejo Flint podía haber escondido la fortuna.

Sin embargo, desperdiciar fuerzas y tiempo implica necesariamente que se malgasta un recurso mucho más importante: la motivación, la energía que debe sostenernos en el trayecto hacia las metas que nos hemos propuesto.

Si Ben Gunn se hubiera sentado a imaginar tranquilamente cuáles podían haber sido los pasos de Flint al esconder el tesoro, con qué impedimentos y con qué facilidades del terreno se podía haber encontrado, tal vez habría pintado un mapa y el resto de la historia de *La isla del tesoro* habría sido diferente.

> Derrochar fuerza y energía supone,
> al final, desperdiciar algo mucho
> más importante para la expedición
> que nos llevará a encontrar el tesoro:
> significa malgastar la motivación.

Sucede algo parecido cuando decidimos salir en busca del tiempo necesario para disfrutar de las personas y las cosas realmente importantes para nuestra vida. Si nos sentamos tranquilamente a idear cómo va a ser esa búsqueda, dónde descansaremos y miraremos hacia atrás para felicitarnos por los avances y en qué momento habremos de esforzarnos más, estaremos atesorando energía y motivación, porque el viaje es largo; de hecho, nos llevará toda una vida.

Claves para la búsqueda del tesoro

• Para alcanzar el lugar en el que está el cofre de su tesoro, será de gran ayuda disponer de un mapa que indique escenarios por los que pasará en el camino: las sendas que deberá recorrer, los posibles obstáculos, las paradas recomendadas, las rutas alternativas...

• Los escenarios por los que ha imaginado que deberá pasar en el itinerario que le llevará a su tesoro representan las áreas de su vida a las que es importante prestar atención: la salud, la familia, el ocio, la carrera profesional...

• Escriba una descripción breve (de no más de dos o tres palabras si es posible) de cada uno de esos escenarios o áreas. En una hoja colocada en horizontal, escriba todas las áreas en una fila. Desde cada área, dibuje una línea vertical y coloque debajo cada una de las etapas (los proyectos) que le ayudarán a llegar a ese escenario. Por ejemplo: si uno de sus escenarios se describe como «hablar correctamente inglés», las etapas por las que deberá pasar serán «inscribirse en una escuela de idiomas», «pasar unas vacaciones en Irlanda», «aprobar un examen oficial»... Ésos son sus proyectos.

• Traemos incorporadas de serie las habilidades necesarias para motivarnos y alcanzar objetivos. Ahora se trata de aplicarlas a las diferentes áreas (escenarios) de nuestra vida.

4.
La lupa

Eva, 33 años, profesora

«El día a día pasa sin que yo me haya enterado. Algunos domingos me hago el propósito de organizar la semana y decido hacer esto o lo otro, cosas que normalmente son importantes para mí, más allá de las obligaciones del trabajo... Sin darme cuenta, llego al viernes por la noche exhausta, sin haber hecho nada de lo que me había propuesto y, lo peor, con la sensación de no haber disfrutado de la semana ni de mis clases, ni de mis alumnos.»

Roberto, 42 años, guarda de seguridad

«Tengo horarios irregulares, lo que acaba afectando al resto de mi vida. Sin embargo, creo que si fuera capaz de dejar de pensar tanto en lo poco que me llena mi trabajo, encontraría el ánimo necesario para ser más feliz en el tiempo libre que me deja.»

C. C., 45 años, periodista

«Me di cuenta de que una de las razones por las que mi relación de pareja iba mal era mi falta de atención. No cuidaba mucho a mi amor. Ésa no era la única causa, evidentemente, pero por lo menos era una sobre la que yo podía hacer algo y podía hacerlo ya, desde ese mismo instante. Pensé que si intentaba dejar fuera de casa mis preocupaciones por el trabajo, por las exigencias de otros..., el tiempo que estuviera con mi pareja sería mejor, porque podría dedicarme más a las cosas con las que disfrutamos.»

Hasta este punto del recorrido hacia nuestro cofre del tesoro, nuestros pasos se han limitado a un ámbito que podríamos describir como «virtual», recordado o imaginado. Hemos sentido y hemos pensado acerca de la vida que realmente nos gustaría vivir, probablemente la hemos visto como si fuera una película y hasta la habremos dibujado en forma de mapa del deseo: «Aquí quiero estar», «Será mejor evitar esta parte», «Por allá tendré que pasar para avanzar...».

Desde la perspectiva del tiempo, nos hemos movido entre el pasado (todo aquello que nos ha llevado hasta el punto en el que estamos) y el futuro (lo que hemos proyectado para lo que está por venir a nuestra vida).

Sin embargo, si alguien ha llegado hasta esta página, probablemente será porque siente la necesidad de cambiar algo en su situación actual para llegar a un estado diferente —el inicio y el fin del conflicto que nos lleva a marcarnos objetivos, como decía Hyrum Smith—, en el que pueda disponer del tiempo necesario para disfrutar de las cosas y las personas que realmente le importan, las que forman su preciado tesoro.

Planificar es algo que sucede en la mente, pero no sale de ahí. Ahora necesitamos comenzar a cambiar el mundo, la vida, la propia vida. Y para realizar ese cambio se puede apoyar en el pasado –desde el que, posiblemente, haya obtenido las pistas que le han permitido reflexionar y definir los puntos cardinales de su brújula– y puede proyectar en el futuro –imaginándolo y materializando su intención en un mapa–, pero sólo dispone de un momento en el que dar el paso que inicie el camino: el instante presente, ahora.

Desde la filosofía antigua hasta los *best seller* de la Nueva Era, muchos son los pensadores que se han esforzado por hacernos valorar el presente como el único espacio en el que se vive y, por lo tanto, en el que se puede hacer algo por nuestra vida. Así, el primer paso real de la expedición en busca del tesoro sólo se puede dar ahora…, aunque su ahora comience al terminar de leer esta página o este libro, o después de dar de cenar a los niños, o al volver de las inminentes vacaciones. Sólo hay un momento en el que se puede actuar: el presente. Parece una obviedad, sí, pero… ¿cuántas veces dejamos que pase el tiempo –ése que tanto nos falta– antes de decidirnos por el momento en el que vamos a actuar?

De nuevo, una sencilla herramienta puede servirnos de inestimable ayuda para avanzar en la búsqueda del tiempo deseado. Esta vez se trata de una simple lupa; simple como mecanismo, pero prodigiosa en cuanto a sus efectos.

Usos de una lupa

La lupa es la herramienta que nos permite descender a los detalles, apreciar pormenores y particularidades y, en lo que se refiere al tiempo, centrarnos en medidas breves y manejables (que, por mayor claridad, llamaremos «instantes»). Por todo ello, su valor es fabuloso.

¿De qué nos sirve programar una vida como la que soñamos si luego no somos capaces de ver el instante preciso en el que podemos poner en acción nuestros planes? Es en ese momento en el que la lupa se convierte en algo más que un instrumento de aumento óptico y pasa a ser, por ejemplo, la herramienta con la que distinguir el momento oportuno para poner en práctica una decisión o –con un poco de maña y un rayo de sol– encender el fuego del entusiasmo.

> Planificar es algo que sucede en la mente,
> pero no sale de ahí. Ahora necesitamos comenzar
> a cambiar el mundo, la vida, la propia vida.

Hay quien se sirve de la lupa para mirar con detenimiento –en ocasiones, hasta con obsesión– el paso del segundero de su reloj. Otros la utilizan para apretar citas y tareas entre dos líneas de su agenda. Y, sí, como se verá más adelante, una lupa también servirá para vigilar el avance de manecillas y hojas de calendario, porque ser conscientes del tiempo que pasa es importante –en el grado en que esa conciencia permita valorar en su justa medida la riqueza de cada hora–, y programar en qué momento abordaremos las acciones que hemos decidido realizar es una buena estrategia para poner en marcha los planes que consideramos significativos.

Ahora bien, si llenamos las horas arbitrariamente de tareas pendientes, compromisos y obligaciones, corremos el riesgo de que el tiempo pase sin lograr la sensación de plenitud que proporciona saber que esa actividad en la que estamos inmersos es lo mejor que podemos hacer en ese preciso instante.

Atender al detalle

Cuando utilizamos un navegador GPS para llegar a un destino, puede resultarnos informativo, y hasta ilustrativo, el mapa general que el dispositivo muestra una vez ha identificado los puntos de inicio y llegada. Sin embargo, comenzado el viaje, lo que realmente nos resulta útil es el detalle del mapa que, como si aplicara una lupa, dibuja los próximos quinientos metros e indica la rotonda o la bifurcación más cercana. Si es posible, incluso, nos dejaremos guiar por la voz que, evitándonos desviar la vista de la carretera, avisa de la siguiente maniobra necesaria.

Aunque disponer de una idea general del camino (el mapa) nos proporciona cierta confianza y certidumbre, nos sentimos mucho más seguros y relajados cuando vamos conociendo los detalles, los pasos, los instantes que van llegando.

Volvamos al mapa que nos llevará hasta nuestro cofre del tesoro. Disponemos de una ruta que, uniendo escenarios (puntos clave del camino), nos llevará hacia el lugar en el que la brújula indica que está el cofre del tesoro, el contenedor del tiempo que queremos dedicar a las personas y las cosas que realmente nos importan.

Para llegar a cada uno de esos escenarios, iremos cubriendo etapas (con sus pasos intermedios) y es probable que en algún momento nos veamos obligados a decidir entre dos posibles itinerarios o entre caminos alternativos que nos permitan salvar los obstáculos que puedan surgir.

La lupa, aplicada a la senda, es la herramienta que ayudará en esas decisiones, en la medida en que nos permitirá ver con nitidez, en el momento en el que sea necesario, cómo es el terreno en el que vamos a poner el pie. Así, el humilde instrumento se convierte en un potente foco para otra de las facultades importantes –si no la fundamental– para la expedición: la atención.

¿Qué significa atender en este contexto? Comencemos por lo general. Según el diccionario de la Real Academia Española, supone, entre otras acepciones, «esperar o aguardar; acoger favorablemente, o satisfacer un deseo, ruego o mandato; aplicar voluntariamente el entendimiento a un objeto espiritual o sensible; tener en cuenta o en consideración algo; mirar por alguien o algo, o cuidar de él o de ello».

¿Cómo le cambiaría la vida si pudiera dedicar esa hora extra que le ha sido regalada por el universo a atender de esos modos a las personas y las cosas que realmente le importan?

Tal vez poniendo la lupa sobre los escenarios que hemos señalado como pasos oportunos en el camino hacia el cofre del tesoro, encontraremos esos objetos espirituales y sensibles de los que cuidar o esas personas a quienes podemos mostrar consideración, que en la turbulencia del día a día pasan a nuestro lado sin que podamos siquiera mirar.

Atender supone «esperar o aguardar;
acoger favorablemente, o satisfacer un deseo,
ruego o mandato; aplicar voluntariamente
el entendimiento a un objeto espiritual o sensible;
tener en cuenta o en consideración algo; mirar
por alguien o algo, o cuidar de él o de ello».

Imaginemos que uno de los escenarios posibles de su mapa consiste en reducir la ansiedad con la que sale del trabajo y que, según ha asumido en su proceso de reflexión, está afectando a su vida familiar. Ha encontrado diversas rutas alternativas para llegar desde su estado actual al deseado: la de mayor recorrido implicaría tomar las medidas necesarias para no experimentar ese estado de desasosiego (desde cambiar de trabajo, hasta proponer ideas de mejora a su empleador, pasando por algo tan socorrido como dedicar un día no laborable, de modo intensivo, a adelantar las tareas que le llevan a la preocupación); otra acaso más rápida supondría realizar alguna actividad relajante antes de volver a su casa.

Si aplica la lupa, es decir, si dedica un tiempo a pensar en las posibles implicaciones de cada una de las alternativas a la luz de lo que realmente le importa, es posible que llegue a la conclusión de que la primera opción tiene unos «costes» inherentes que en estos momentos no es sensato asumir. Así pues, podría decidirse por la segunda vía. Ahora piense en las posibilidades que se le ofrecen, como apuntarse a clases de yoga, o de cualquier otra actividad que le resulte saludable y divertida. Antes de decidir, vuelve a ser el momento de atender: use la lupa para «aplicar voluntariamente el entendimiento», y mire por usted y por las personas que le importan. Tal vez, comprometerse a una actividad con horarios regulados le genere más tensión de la que descarga, si supone desplazamientos, si le hace llegar más tarde a casa…

Todavía no ha llegado el momento de desistir en la búsqueda de soluciones. Dé una nueva oportunidad a la lupa y busque en su interior algo que le permita reducir la agitación sin restringir demasiado el tiempo que puede dedicar a las personas a las que quiere atender. Podría ser un paseo en solitario, una charla agradable, un tiempo de lectura tranquilo o una caminata vigorosa.

Tanto la atención que queremos ofrecer a las personas por las que miramos, incluido uno mismo –en términos de tiempo y actitud–, como la que dedicamos a pensar en la mejor solución para el conflicto –esta vez en términos de intención y concentración– son el resultado de descender desde los grandes planes hasta los detalles, desde el calendario hasta los instantes. Y, en este sentido, no es baladí ni egocéntrico incluir en la atención oportuna el cuidado de uno mismo. Francesc Torralba, en su obra *Sosegarse en un mundo sin so-*

siego, resume la importancia de atenderse de una bella manera: «El cuidado de ti misma no es el fin. Es la condición de posibilidad para el cuidado de los otros y de la naturaleza».

Fuego, pasión y plenitud

Como nos enseñan desde pequeños, una simple lupa puede encender un fuego. Para ello, además de una cierta habilidad y algunas dosis de paciencia, se requiere, cuando menos, un buen rayo de sol y un poco de material inflamable.

En la expedición hacia el cofre que guarda nuestro tesoro, es posible que en alguna ocasión resulte necesario encender una hoguera para entrar en calor, para preparar una comida o para iluminar la oscuridad. Orientados al Sol gracias a la brújula y aplicando la atención a los detalles oportunos, podremos prender cualquier instante con el fuego del entusiasmo, la motivación y la pasión.

Orientados hacia el Sol gracias a la brújula y aplicando la atención a los detalles oportunos, podremos prender cualquier instante con el fuego del entusiasmo, la motivación y la pasión.

Probablemente pensará que, si ya es difícil prender una ramita con una lupa y un rayo de sol, abordar algunas tareas tediosas con un mínimo de motivación, en las condiciones actuales de su vida, es casi una quimera.

Con frecuencia, especialmente cuando los quehaceres son rutinarios o aparentemente intrascendentes, nos resulta arduo concentrarnos en ellos. De hecho, habitualmente –y si no sucede ninguna catástrofe por ello- tendemos a postergarlos y, en el peor de los casos, a olvidarlos hasta que se convierten en emergencias.

Lo que sucede, en esas circunstancias, es que no les encontramos sentido, no tenemos claro hacia dónde nos llevan esas actividades. Bien, pongamos sobre ellas la lupa que nos permite ver detalles y así podremos observar si esa labor encaja dentro del mapa que nos lleva hacia el Norte, si por tangencial que parezca el motivo nos acerca de algún modo a nuestro tesoro. Porque es el tesoro el que da sentido a los pasos que damos y, a su vez, es ese sentido el que hace que el rato (sea cual sea su duración) que dedicamos a cualquier objeto «espiritual o sensible», se convierta en un tiempo de calidad, o, como define Francesc Torralba en sus cartas a una mujer acelerada, convertir el instante en «un átomo de eternidad».

La escala de los cambios

El mapa que habíamos dibujado, en la medida en que recoge la voluntad de pasar del estado actual al deseado, representa también cambios que queremos hacer en nuestra vida. Y no es frecuente que los cambios se puedan realizar desde el gran angular, sino desde el *zoom*, desde el detalle.

Proponerse grandes modificaciones vitales es garantía de que los cambios se queden en temporales o, en el peor de los casos, caigan en la categoría de los nunca iniciados. Mudar un detalle mediante la atención que le dispensamos, por nimio que parezca, cuesta menos esfuerzo, es apenas un pequeño giro que, a medio plazo, puede suponer una nueva ruta que (guiada por la brújula) nos acerque más al cofre del tesoro.

Una de las virtudes de la lupa es que nos permite centrarnos en un ámbito reducido, más comprensible y manejable, a escala más humana.

Podemos plantearnos grandes cambios a partir de un detalle bien atendido, tal vez solamente la manera de dirigirnos a alguien o un pequeño hábito que en principio parece trivial. La emoción del logro, en cuanto se noten sus efectos, servirá de material inflamable para encender (de nuevo con la lupa) el fuego del entusiasmo y la motivación para seguir el camino hacia el Norte.

Gestionarse uno mismo. Kairós sobre Cronos

En lo que se refiere al tiempo (a diferencia de otros recursos), la merma de la cantidad disponible no incide directamente sobre la calidad de la entrega. Y es que el tiempo no son sólo los minutos, reunidos en horas, que componen días y después semanas. El tiempo es también la experiencia de lo vivido y sentir (con los sentidos y con la conciencia) que se vive.

Una vez más, no hay nada nuevo bajo el sol y esta idea procede de sabidurías antiguas. Tanto que en la mitología griega ya se atribuía a dos dioses el dominio de lo que hoy, llanamente, denominamos tiempo.

Uno era Cronos, el dios del tiempo que pasa, con su ritmo implacable, y que nos lleva indefectiblemente hacia el próximo minuto, hacia el día siguiente, y así hasta la muerte. Para nosotros, hoy, Cronos está en las manecillas del reloj y en las hojas del calendario. Con él no podemos negociar, no es gestionable ni organizable. No es casualidad que a Cronos se le atribuyera un romance con Ananké, la diosa de la inevitabilidad, la necesidad y la ineludibilidad.

El otro dios era Kairós, que regía el tiempo en tanto que vivencia, como momento oportuno u ocasión para algo. Kairós indica cuándo sembrar, el paso de las edades del hombre, los instantes que (al margen de su duración cronológica) tienen importancia y sentido. Kairós es el tiempo con sentido, un tiempo para dedicar, en el que la cantidad es menos importante que la calidad de lo vivido en el entretanto... y en esa medida, ese tipo de tiempo sí es gestionable o, cuando menos, «generable».

Por valernos de una imagen, Cronos son los raíles por los que circula nuestro tren. Son inamovibles, y van marcando rítmicamente el paso por las traviesas. Kairós es el vagón que va encima, en el que suceden cosas (los acontecimientos y experiencias de la vida), en el que el conductor decide la velocidad a la que transita... y, obviamente, si va demasiado deprisa, se perderá la oportunidad de disfrutar del paisaje o de atender los detalles que harían del propio viaje un bello destino en sí mismo.

El tiempo no son sólo los minutos, reunidos en
horas, que componen días y después semanas.
El tiempo es también la experiencia
de lo vivido y sentir (con los sentidos
y con la conciencia) que se vive.

Es en el detalle donde reside Kairós, el dios del momento presente, y, por tanto, es en la elección del detalle al que atendemos donde reside nuestra capacidad de organización.

Si, como se vio antes, planificar es simplemente tomar decisiones por adelantado, organizarse (u organizar el tiempo) consiste en elegir aquello a lo que vamos a dedicar la atención. Así, una buena organización no es un concepto universal y neutro, que se puede aprender con técnicas listas para su uso, sino una habilidad que responde a criterios y objetivos personales.

Si nuestro objetivo es terminar una determinada cantidad de trabajo en un tiempo establecido, estaremos midiendo la gestión por su eficiencia, y nos serán de gran ayuda las herramientas de control del tiempo cronológico, como un reloj, un calendario o una agenda. Pero si lo que buscamos es disponer de un tiempo lleno de sentido para nuestra vida, que podamos disfrutar y compartir con las personas que realmente nos importan, su valor se contará por la calidad de la experiencia.

La economía de la atención

Estamos en la era de la sobreabundancia de comunicación. Una de las causas de este exceso de caudal de datos es el acceso masivo a Internet, y ya no sólo por lo que la red ofrece, sino también por lo que cada usuario puede aportar a los demás en ese entorno de conversación virtual que se denomina Web 2.0.

> Una buena organización no es un concepto universal y neutro, que se puede aprender con técnicas listas para su uso, sino una habilidad que responde a criterios y objetivos personales.

Vivimos saturados de información y de conversaciones abiertas en las que, muchas veces, sólo buscamos una respuesta rápida a nuestras necesidades. Ante tantas opciones de conocer, dialogar, mostrar y recibir que se ponen al alcance de la mano en esta nueva plaza global, quienes tienen algo que contar o vender en Internet han identificado ya un nuevo mercado, difícil de conquistar: el mercado de la atención. Cada vez cuesta más que un navegante se pare, atienda y conozca lo que un sitio web quiere exhibir; y sucede algo parecido con la publicidad, el comercio y hasta la difusión del conocimiento o las relaciones interpersonales. Tenemos demasiadas llamadas a las que atender y poco tiempo para saber cuál es la que realmente nos conviene o interesa.

No se trata solamente de que nos falta tiempo para acercarnos al gran bazar comunicativo y elegir los objetos en los que fijarnos, tanto en términos de tiempo como de actitud. En muchas ocasiones, lo que nos falta es un criterio claro que sirva de filtro y ayude en la selección: una lupa que, a la luz de aquello que es realmente importante para el camino por el que hemos optado, concentre la atención en los detalles que nos enriquecen y convierta el tiempo que dedicamos en vivencia llena de sentido.

Las nuevas tecnologías, con todos los beneficios que han procurado en diferentes ámbitos, pueden, sin embargo, llevarnos a la ilusión de la «permanente disponibilidad». Esta argucia nos hace creer que, gracias a ellas, tenemos siempre al alcance cualquier información que podamos necesitar o incluso un contacto aparentemente estable con personas a las que, de otro modo, apenas veríamos…, como si esa posibilidad, en sí misma, ya fuera un acto de comunicación.

Ahora bien, disponer de información no es lo mismo que estar informado, del mismo modo que revisar datos no implica que éstos se incorporen a nuestro conocimiento. Para pasar de un estado al otro (del dato al saber) se requiere, precisamente, atención, dedicación al detalle, tanto en tiempo como en actitud.

Por no hablar de las relaciones personales: ¿acaso tener una lista de cuatrocientos amigos en una red social en Internet supone que se mantiene verdadera amistad o incluso una comunicación fluida (por mínima que sea) con todos ellos…?

La comunicación omnipresente no es, en sí, más que una posibilidad abierta. Dependerá de nuestra capacidad de atender a los detalles de esa oportunidad que el tiempo que le dediquemos –probablemente breve– se convierta en un tiempo de calidad, con todos los beneficios que eso nos puede proporcionar.

Qué es tiempo de calidad

El tiempo de calidad es ése en el que suceden cosas, no sólo el que pasa. Es el momento en el que, paradójicamente, somos capaces de olvidarnos del tiempo o, por el contrario, ser intensamente conscientes de su paso, pero no lo vivimos como pérdida, sino como un don, como un «átomo de eternidad».

No siempre podremos ofrecer mucho tiempo, pero sí tiempo de calidad, si lo dedicamos a atender.

Dave Lakhani es un empresario estadounidense de éxito, autor de un libro, *El poder de una hora*, en el que comparte su metodología para promover cambios positivos tanto en el ámbito profesional como en el personal. El planteamiento, avalado por sus logros, se resume en una aparentemente sencilla idea que expone desde el principio: «Aunque parezca que lo que más necesitas es tiempo, resulta que no es así. Lo que necesitas es concentración, una muy especial»..., la atención.

Quizá, llegados a este punto, el lector esté pensando que sí, que atender es importante, pero en el torbellino de la vida diaria no siempre resulta fácil conseguir ese estado de «consideración vigilante» que nos lleva a cuidar los detalles. A veces asumimos compromisos que hacen saltar la agenda o nos descubrimos postergando continuamente tareas pendientes, o sentimos que no estamos ofreciendo ni cantidad ni calidad de tiempo a las personas que queremos, porque no logramos dominar nuestra capacidad de atender.

Ahora bien, la atención (como otras habilidades) se entrena y se desarrolla. Antoine de Saint-Exupéry, en el maravilloso cuento de *El Principito*, lo explica desde la tierna relación de amistad que nace entre el protagonista y el zorro:

—Sólo se conocen bien las cosas que se domestican —dijo el zorro—. Los hombres ya no tienen tiempo de conocer nada. Lo compran todo hecho en las tiendas. Y como no hay tiendas donde vendan amigos, los hombres no tienen ya amigos. ¡Si quieres un amigo, domestícame!

—¿Qué debo hacer? —preguntó el principito.

—Debes tener mucha paciencia —respondió el zorro—. Te sentarás al principio un poco lejos de mí, así, en el suelo; yo te miraré con el rabillo del ojo y tú no me dirás nada. El lenguaje es fuente de malos entendidos. Pero cada día podrás sentarte un poco más cerca...

Domesticar la atención requiere, pues, un acercamiento paulatino y constante; ir aplicando el entendimiento a los detalles, dedicadamente, cada vez con mayor frecuencia, disfrutando al tiempo de la calidad del momento y de la riqueza del intercambio con el objeto –sensible o espiritual– o la persona a la que cuidamos.

Por otra parte, siempre disponemos del poderoso efecto de las preguntas para recoger y dirigir la atención. ¿Es esto lo mejor que puedo hacer en este momento y con estos recursos para avanzar en la búsqueda de mi tesoro? ¿Estoy siguiendo la ruta que me había marcado? Y si no es así, ¿qué está aportando este desvío a las cosas y las personas que realmente me importan? ¿Qué significa para esta persona a la que quiero sentirse atendida? ¿Cómo puedo hacer que se sienta así con mi disponibilidad de tiempo?

En este caso, las preguntas funcionan como flechas que apuntan hacia el sentido de lo que estamos haciendo o de lo que podemos hacer, hacia su significado para nuestra vida y para nuestra búsqueda del tesoro.

La hora de la atención

En un mundo que viaja deprisa, a veces es difícil pararse a disfrutar de los detalles. Sin embargo, es en esos pequeños fragmentos del mapa en los que se nos regala la posibilidad de actuar, de dar un paso hacia la búsqueda del tiempo que queremos dedicar a las cosas y las personas que realmente nos importan.

Aplicar la lupa de la atención al momento presente produce, de hecho, un poderoso efecto sobre la calidad de ese instante y, cuando se alinea con los puntos cardinales de nuestra brújula, lo llena de sentido hasta convertirlo en una vivencia plena.

Sin embargo, el tipo de vida que vivimos –aquella aceleración progresiva de la que hablaba Albert Figueras en *Optimizar la vida*– nos roba, con demasiada frecuencia, la capacidad de sumergirnos en el momento presente para degustar el detalle.

Es en los pequeños fragmentos del mapa, en los detalles, en los que se nos regala la posibilidad de actuar, de dar un paso hacia la búsqueda del tiempo que queremos dedicar a las cosas y las personas que realmente nos importan.

Ahora bien, para confirmar que seguimos bien el itinerario que hemos trazado para llegar hasta el cofre que guarda nuestro tesoro, es preciso detenerse, observar los detalles del terreno y asegurarnos de que el próximo paso que vamos a dar se mantiene dentro de los límites de la ruta… o que, cuando menos, no nos aleja del Norte.

Solamente en el día a día, en cada uno de los instantes que vivimos, podemos hacer ese tipo de comprobación y para ello será útil una pequeña lupa, que concentre nuestra atención en terrenos manejables y que amplifique el efecto de los espacios de tiempo.

Atender tiene un poder magnificador que llena de calidad cualquier acto, por breve que éste parezca. Raimon Solà, en

Cómo ser feliz cada día, muestra un ejemplo relevante dentro de su sencillez: «Escuchar con atención es un acto de amor que hace que las personas se sientan amadas».

¿Para qué queremos ganar tiempo si no es para dedicarlo a aquello que amamos?

Claves para la búsqueda del tesoro

- Una sencilla lupa sirve para ampliar los detalles del mapa que nos lleva hacia el tesoro, de modo que, con el poder de atención que nos proporciona, seremos capaces de confirmar que el terreno que pisamos es el que indica la ruta elegida, y podremos optar por tiempos y espacios manejables para actuar.

- Cuando falta el entusiasmo o la motivación, la lupa ayudará también a encender un buen fuego: acérquela al punto del mapa que le resulta menos grato y observe con atención cómo, a la luz de la atención, cobra sentido, significado y hasta pasión.

- El cambio es más asequible desde el detalle. En el proceso de ir desde su estado actual hacia el deseado, dedique su atención a un pequeño hábito, un acto sencillo, un paso corto... Concéntrese en él antes de pasar al siguiente y, con menos esfuerzo del esperado, estará caminando hacia su tesoro.

- Las preguntas son un poderoso impulsor de la atención. Cuando sienta que desatiende el momento presente, pregúntese si lo que está haciendo le acerca a lo que verdaderamente le importa, si le ayuda a cuidar a las personas que ama.

El hallazgo

«Para saber si son de oro bueno las monedas,
hay que hacerlas rodar, hacerlas circular. Gasta tu tesoro.»

GREGORIO MARAÑÓN

«Tengo un día. Si lo sé aprovechar, tengo un tesoro.»

GABRIELA MISTRAL

«No es el filósofo el que sabe dónde está
el tesoro, sino el que trabaja y lo saca.»

FRANCISCO DE QUEVEDO

La hora del tesoro no se recoge en agendas, ni se mide por relojes. De hecho, es posible que su hora del tesoro no dure sesenta minutos, porque no se basa en la dimensión cronológica. Así, no es un tiempo que se pueda perder ni ganar, ni siquiera aprovechar. La hora del tesoro solamente puede ser vivida y sólo se vive ahora.

En algunos monasterios zen se escucha de vez en cuando el tañido de una campanilla. Para los miembros de la comunidad, ese sonido es una señal para que quien la oiga se pare y sienta en toda su inmensidad la enorme belleza de lo que está viviendo en ese instante, tanto si está barriendo como si está impartiendo lecciones de filosofía. En medio de una vida de espiritualidad y conciencia, esa simple campanilla tiene el efecto de sumergir a quien la escucha en el instante, en ese tiempo cargado de sentido que es, también, una hora del tesoro.

> **El único tiempo que podemos aprovechar**
> **es el de la inmersión en una actividad o una**
> **relación cargada de sentido para nosotros.**

En la vida diaria tenemos a nuestra disposición señales de atención hacia el momento presente. Si aprendemos a escucharlos, hay abrazos-campanilla, risas-campanilla, encuentros-campanilla... Incluso hay campanillas que resuenan durante un buen rato como gongs.

Ése es el único tiempo que podemos aprovechar, el de la inmersión en una actividad o una relación cargada de sentido para nosotros, el tiempo del dios Kairós, que nos lleva de la mano hacia el lugar en el que brilla el cofre del tesoro.

El camino que hemos recorrido en los capítulos anteriores ha ido construyendo dos procesos paralelos. Por una parte, desde el descubrimiento de la propia brújula hasta la atenta dedicación de la lupa, nos hemos servido de simples herramientas para reflexionar acerca de la vida y de lo que, en el fondo del corazón, intuíamos —o ya sabíamos— acerca de las cosas y las personas que nos ayudan a vivirla bien.

Paralelamente, esa labor de revisión tenía como intención que pudiéramos transformar tanto las grandes aspiraciones incumplidas como las dificultades que interpretábamos como problemas hasta trasladarlas a una medida a escala humana, observable y comprensible en su extensión, de modo que nos permita gestionar mejor la vida desde sus instantes y sus detalles.

No se puede gestionar ni organizar el tiempo. Siempre sigue su curso implacable, segundo a segundo, día a día, al margen de lo que esperemos de él o lo que seamos capaces de consagrarle. Sin embargo, sí tenemos dominio sobre lo que hacemos en el transcurso de ese tiempo, sobre cómo lo vivimos, porque podemos gobernar nuestras intenciones y atenciones.

Tiempo y tiempos

Son nuestras intenciones (el destino al que dirigimos los pasos) y las atenciones (los detalles a los que concedemos valor) las que crean la calidad del tiempo que vivimos. Aunque no siempre resulta fácil dejar que sean aquellas las que marquen el uso que hacemos del tiempo.

En el primer capítulo recordábamos la advertencia de Stephen Covey, uno de los escritores sobre gestión del tiempo y eficiencia más prolíficos, acerca del riesgo de usar el tiempo sin tener conciencia de aquello que es sumamente importante, la brújula.

En *Los viajes de Gulliver*, la irónica novela de Jonathan Swift, los funcionarios de Lilliput registran minuciosamente al gigante y en su informe sobre los extraños objetos que le encontraron hablan del más sorprendente de ellos: «Imaginamos que es, o algún animal desconocido, o el dios que él adora; aunque nos inclinamos a la última opinión, porque nos aseguró –si es que no le entendimos mal, ya que se expresaba muy imperfectamente– que rara vez hacía nada sin consultarlo. Lo llamaba su oráculo, y dijo que señalaba cuándo era tiempo para todas las acciones de su vida». Resulta que el intrépido viajero era esclavo de un reloj.

**El concepto de tiempo y, por tanto, su uso,
es diferente en función de factores como la edad,
el tipo de trabajo, las responsabilidades familiares
o la dinámica de la vida social.**

Tal vez, en nuestro tiempo, la medida de nuestra servidumbre no es tanto un minutero como una agenda, en la que intentamos acomodar hoy más tareas de las que fuimos capaces de terminar ayer, en una espiral acelerada, aunque no siempre sepamos por qué y, sobre todo, para qué y para quién nos estamos esforzando tanto.

Es cierto que el concepto de tiempo y, por tanto, su uso, es diferente en función de factores como la edad, el tipo de trabajo, las responsabilidades familiares o la dinámica de la vida social. En la primera juventud sabemos que queremos hacer muchas cosas; cuando nos integramos al mundo laboral y empezamos a desarrollar una carrera, somos capaces de dividir nuestro tiempo entre las relaciones personales y el trabajo, y dedicarnos a ambas con el mismo empeño; la vida en pareja viene a añadirse al reparto, pero a la vez aporta un nuevo sentido, un punto cardinal de la brújula; y la llegada de los hijos enriquece incluso más la vida con nuevos significados, aunque supone también uno de los puntos críticos de nuestra relación con el tiempo: se hace más difícil la distribución de tiempos entre las diferentes áreas (trabajo, pareja, familia, amigos, aficiones personales...), pero a la vez somos conscientes del comienzo de una nueva etapa vital, de que los niños estrenan un tiempo que ya no nos pertenece sólo a nosotros...

En alguno de esos pasos, muchos dejamos de vigilar la posición del cofre del tesoro, nos dejamos arrollar por las circunstancias y comenzamos un camino en el que vamos reaccionando a los acontecimientos, sin disfrutar del paisaje ni tener muy claro hacia dónde nos dirigimos.

Ciertamente, algunas experiencias de fuerte impacto emocional actúan a veces como señales de que nos estamos alejando de aquello que realmente nos importa en la vida. Sin embargo, y aunque algunas de ellas sean imprevisibles o inevitables, tal vez podríamos ahorrarnos algún giro brusco si dedicáramos un poco de atención, en algún momento, a pensar nuestro tiempo a la luz de lo que un día, tal vez en la adolescencia o quizá más adelante, nos pareció que podría ser una buena vida.

Cambio de conceptos

Las circunstancias económicas y sociales de los últimos años son, precisamente, un síntoma de que algo no iba bien, y no solamente en los mercados internacionales.

Hoy hay personas que tienen que dedicar mucho tiempo y atención al trabajo para asegurarse el puesto en una situación de inestabilidad laboral y, a la vez, personas que tienen mucho tiempo porque están desempleadas y tienen dificultad para reintegrarse a la categoría de los «activos».

Hoy hay jóvenes que tardarán años en ser contratados con una mínima promesa de permanencia y, a un tiempo, cada vez más jubilados con una esperanza de vida creciente.

Unos creen que les falta tiempo; otros, que les sobra. Tal vez por eso empiezan a crecer iniciativas de intercambio de tiempo, como una especie de trueque del único recurso universal, o tal vez por eso cada día hay más personas que se ofrecen como voluntarias de organizaciones de la sociedad civil. Precisamente, es en ese tipo de interacciones entre personas en las que la intención y la atención impregnan el tiempo que se da y el tiempo que se recibe para dotarlos de sentido y calidad.

Insospechadamente, el hallazgo

En *La buena vida*, Álex Rovira se pregunta acerca de la necesidad de no «perder» el tiempo para «la reflexión sobre las cuestiones importantes de aquello que da sentido a la vida, lo que la nutre, lo que aporta profundidad a nuestras experiencias, calidad a los momentos vividos, gratificación emocional e intelectual, vínculos afectivos potentes, islas de sentido, sensación de cumplimiento y de plenitud: aquello por lo que merece la pena hacer el esfuerzo de construir nuestra hoja de ruta y de comprometernos a hacerla realidad».

Si el lector ha seguido las sugerencias de los capítulos anteriores, habrá avanzado bastante en el diseño de su propia hoja de ruta, la que le lleva a «ganar» la hora del tesoro para dedicarla a las cosas y las personas que realmente le importan.

- Habrá pensado en los valores que mueven su vida hacia el modo en que decidió vivirla.
- Probablemente haya recuperado inquietudes y anhelos que le parecían ya perdidos, o haya recordado a personas a las que quiere tener cerca, a pesar de las distancias geográficas o afectivas.
- Tal vez ha imaginado la manera en que podría cumplir algún sueño y hasta ha dibujado un mapa que le prepare para la travesía.
- Incluso, es posible que decida iniciar algún pequeño cambio en su vida a partir de pequeños detalles a los que ahora presta una renovada atención, que encuentre nuevos modos de aplicar el entendimiento a aquello que le llena o de cuidar mejor a las personas que quiere.

Si algo de esto ha sucedido en cualquiera de los 86.400 segundos de este día, el lector habrá hallado el cofre de su tesoro, porque estará dedicando su tiempo a lo que realmente le importa para su vida.

La hora de la acción

Como se decía al principio de este libro, todo esfuerzo de organización personal tiene doble premio. El primero es conseguir los objetivos que nos hayamos propuesto y, como consecuencia, sentirnos más eficaces; pero si esos objetivos han sido elegidos con la brújula en la mano, el premio gordo consiste en que, además, despejaremos bastantes de las preocupaciones y los agobios diarios, y viviremos más intensamente y mejor, es decir, ganaremos tiempo de calidad para nuestras vidas.

Ya disponemos de ese tiempo, y lo mejor que podemos hacer con él es llenarlo de intención y atención, dotarlo de sentido. Sabemos dónde está el cofre que guarda la hora del tesoro y ha llegado el momento de abrirlo. Ahora.

Claves para la búsqueda del tesoro

• La hora del tesoro recoge los momentos que dedica a las cosas y las personas que realmente le importan. No tiene dimensión cronológica. Solamente puede ser vivida y sólo se vive ahora.

• El proceso que lleva a ganar la hora del tesoro supone reflexionar sobre aquello que es importante para uno mismo y, paralelamente, modelar, mediante la atención, las dificultades y las grandes aspiraciones hasta una medida manejable, a escala humana.

• Las nuevas circunstancias económicas y sociales inducen a valorar más el único recurso universal e igualitario: el tiempo.

• Ya disponemos de tiempo, 1.440 minutos cada día, y lo mejor que podemos hacer con él es llenarlo de intención y atención, dotarlo de sentido... y hacerlo ahora.

Bibliografía

BUQUERAS, IGNACIO. *Tiempo al tiempo.* Barcelona: Planeta, 2006.

COVEY, STEPHEN. *Primero lo primero.* Barcelona: Paidós, 1996.

DELIVRÉ, FRANÇOIS. *Question de temps.* París: InterEditions, 2007.

DITZLER, JINNY. *El mejor año de tu vida.* Barcelona: Urano, 2000.

DOMÍNGUEZ, JOE; ROBIN, VICKY. *La bolsa o la vida.* Barcelona: Planeta, 1997.

FIGUERAS, ALBERT. *Optimizar la vida.* Barcelona: Alienta, 2006.

GENIN, VANESSA. *Boulot-vie privée: équilibrez vos vies.* Issy-les-Molineaux Cedex (Francia): ESF Editeur, 2006.

GRIMM, JAKOB y WILHELM. *Hansel y Gretel.* Barcelona: Orbis, 1997.

LAKHANI, DAVE. *El poder de una hora.* Lisboa: Actual Editora, 2007.

ROVIRA, ÁLEX. *La buena vida.* Madrid: Aguilar, 2008.

SAINT-EXUPÉRY, ANTOINE DE. *El Principito.* Madrid: Salamandra, 2000.

SENGE, PETER. *La quinta disciplina*. Barcelona: Granica, 1998.

SERVAN-SCHREIBER, JEAN-LOUIS. *El nuevo arte de vivir el tiempo*. Barcelona: Paidós, 2001.

SMITH, HYRUM. *The 10 natural laws of successful time and life management*. Nueva York (Estados Unidos): Warner Business Books, 1994.

SOLÀ, RAIMON. *Cómo ser feliz día a día*. Barcelona: Plataforma, 2009.

SOLER, XAVIER. *Pura motivación*. Barcelona: Alienta, 2007.

ST. JAMES, ELAINE. *Simplifica tu vida*. Barcelona: RBA Integral, 1994.

STEVENSON, ROBERT LOUIS. *La isla del tesoro*. Madrid: Espasa Calpe, 1999.

SUCHET, ALEXIS. *Napoléon et le management*. París (Francia): Taillandier, 2004.

SWIFT, JONATHAN. *Los viajes de Gulliver*. Madrid: Espasa-Calpe, 2000.

TORRALBA, FRANCESC. *Sosegarse en un mundo sin sosiego*. Barcelona: Plataforma, 2009.

Su opinión es importante.
En futuras ediciones, estaremos encantados
de recoger sus comentarios sobre este libro.

Por favor, háganoslos llegar a través de nuestra web:

www.plataformaeditorial.com

Cómo ser feliz cada día
Pequeño manual de inteligencia esencial

Raimon Solà

plataforma actual

3ª edición

Un libro que muestra cómo la felicidad es una actitud interior,
una decisión personal que se toma cada día, un camino,
no una meta, escoger el amor y liberarse del miedo.

Con el estilo profundo y ameno que lo caracteriza,
Ramon Bayés reflexiona en estas páginas
sobre la finalidad de la vida, el paso del tiempo,
el dolor, la capacidad de superación del ser humano,
y también sobre los cuidados paliativos y la vejez.